我所見為善為美的，就是人在神賜他一生的日子吃喝，享受日光之下勞碌得來的好處，因為這是他的分。

傳五 18

日光之下

對真誠生活尋索的紀錄

▼

信念再思叢書

日光之下

對真誠生活尋索的紀錄

Living in-between

作者

龔立人 Kung, Lap-yan

審閱

李慧儀

執行編輯

羅慧琪

裝幀設計

郭曉勤

■

出版／發行

基道出版社

香港沙田火炭坳背灣街26號富騰工業中心1011室

LOGOS PUBLISHERS

Unit 1011, Fo Tan Ind. Centre, 26 Au Pui Wan St., Shatin, Hong Kong

電話：(852) 2687-0331　傳真：(852) 2687-0281

網址：http://www.logoslink.org.hk

澳洲總代理

基道書樓LOGOS BOOK HOUSE

4 Tooronga Terrace, Beverly Hills 2209, N.S.W., Australia

電話：(612) 9554-3631

承印

海洋印務有限公司

●

版權所有 • 請勿翻印

© 基道出版社有限公司

4/01初版

Cat. No. LP336

ISBN 962-457-183-X

© 2001 by Logos Publishers Ltd.

ALL RIGHTS RESERVED

Printed in Hong Kong

李序

我最愛浪遊四方，閱世情，探人心，看風景。印象所得，外國人很容易受騙；不似香港人那麼蠱惑與有機心，處處設防。前者正是民主社會人文素質的體現——互相信任。

立人是香港教會少數專攻政治神學的學者，通曉西方的民主制度與神學思潮。有別於其他政治研究者的是，他仍然擁有一顆柔軟的心——包容、信任與真誠。作為《時代論壇》的編者，最為賞心樂事的，是廣交不同性格、學養、專長的基督徒，以文字結緣，本信仰互動，令我的智慧杯經常滿溢，感情的樂泉湧流不竭。

讀立人的文章，似飲陳年釀，清中帶醇，醇中覺味，味中存菁。儘管日光之下，並無新事，當我站在橋上看風景，在濁流與清泉之間，仍能尋見真誠地生活的人，不斷透過自我提升克服橫逆與波折，生命流動，美麗自然。

李錦洪

《時代論壇》社長

自序

生活世界本身就瀰漫著混亂與秩序，悲哀與歡笑，無奈與感謝。身在其中的人亦不例外，他／她也不能避免。生活就是「真理（reality）世界」與「現實世界」的交織。然而，當我們過分強調「真理世界」的可實現性時，生活世界的真實就被輕視了。又當我們過分強調「現實世界」的不可改變性時，生活世界的現實就變成了真理。若清泉代表「真理世界」而濁流代表「現實世界」的話，生活世界就是兩者的交滙和混合。在「現實世界」中隱藏著「真理世界」，以致我們不輕言放棄追尋真理；同樣，「真理世界」需要生活世界將它說明和矯正，以致真理不是理論，而是生活。

然而，要坦白地面對生活世界又談何容易呢？這不但關乎個體本身是否有膽量面對「現實世界」的真面目，更牽涉他／她所屬的社羣（包括教會）是否願意容讓他／她這樣坦白。因為他／她的坦白或多或少會對所屬的社羣構成一種壓力，一份挑戰，甚至一項指控。坦白並不一定會得到別人的欣賞，但對當事人

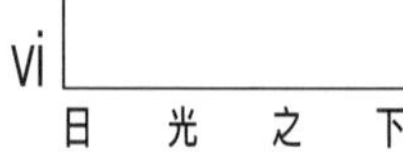

來說，這卻是對良心的順服。本文集就是這樣的一個嘗試，它是我嘗試對生活世界坦誠、對真理世界堅持、對現實世界不輕率的追尋經驗與反思成果。究竟我的嘗試會使清泉變得混濁，或是讓濁流過濾成為清泉？我不知道。因為生活世界，本來就是濁流與清泉結合的洪流。清泉與濁流，原亦不過是人為的劃分。

本文集主要收錄筆者在一九九九至二○○○年間，發表於《時代論壇》的專欄「日光之下」的文稿。在此，特別多謝《時代論壇》的慷慨和豁達，讓我可以集文成書。當然，基道出版社主動願意出版拙作，更是本人的榮幸。在此，特別多謝《時代論壇》社長李錦洪先生為拙作賜序。

在這一年多的寫作日子中，我見證著香港社會很大的變化，並經歷生命的變化（內子的離世）。這一切的經歷與體會都成為本書的素材，雖然某些部分內容較抽象，但抽象的討論仍離不開我對生活世界的感觸。

願這小書能為那些對生活世界坦白，並對信仰不輕忽的人打氣。

龔立人

二○○○年九月十二日

中秋節晚上

目錄

社會篇

道德篇

信仰篇

感情篇

生活篇

「如何」與「為甚麼」

「如何」是一個有關生活的考慮，而「為甚麼」是關乎意義的尋索。表面看來，它們兩者之間應存在邏輯關係。例如，當我找尋生活的原因時，我就似乎找到了生活之道。因為當我知道「為甚麼」活時，我便隨即找到思考「如何」活出這生活原因的方向。生活的原因決定生活的方式。從知道「為甚麼」到思考「如何」生活，就成為我的處世之道。

然而，尋找生活的「為甚麼」並不如想像中那麼容易。當然，為甚麼我要選擇移民和為甚麼我選擇結婚等題目是相對地較易回答的，但生活又豈是這樣有邏輯和有規律的呢？坦白說，現實生活不但雜亂無章，更充滿偶然和「無厘頭」（沒頭沒腦）。那麼，若我們硬要從「為甚麼」開始，到最後我們可能只會失望而回，甚至浪費青春。因為這個世界上有些事情是沒有特定意義的。

但我們如何決定哪件事只屬偶然，而不需找出那事件的意義呢？當然，我不是上主，也不能掌握人的遭遇。要有客觀的準則是沒有可能的。對某些人來說，早一步出門而可以趕上火車，是有上主的美意。因為他可以避過下班車機械故障所帶來的延誤。（當然，這很多時，只是事後孔明。）但對某些人來說，以上的遭遇只是巧合和偶然，背後沒有甚麼意義。運氣就是一切事情的解釋。究竟哪個邏輯正確呢？我們可以說，按著前者認定上主參與歷史的邏輯，前者的解釋是合理的；按著後者相信純屬偶然的邏輯，後者的看法亦一樣合理。所以，對「為甚麼」的解釋總離不開個人已定的邏輯。

倘若我們接受生活中有偶然的際遇，從知道「為甚麼」到思考「如何」生活的處世模式，就不一定可行。相反，我們要從「如何」生活出發。事實上，沒有解答「為甚麼」的生活依然可以很精彩和有意義。因為生命不單是個有待解答的問題，它更是生活。再者，我發現「為甚麼」不只是個理性的尋索，更可以是一種生活的體驗。這樣，「如何」就是回答「無厘頭」際遇的一種有效生活方式。你同意嗎？

曾刊於龔立人著：《眼淚並未抹乾》（香港：基道，2000），頁72～74。

「化」的人生

不同的人生階段就有不同的經歷與際遇。十多年前，我常收到朋友來電報喜，內容總離不開結婚和懷孕產子等。但如今，報喜的消息相對地減少，參加飲宴的機會也不多。換來的，是朋友的報憂——若非他們的雙親離世，便是他們去世的消息。生命隨著歲月自然地踏進另一階段。若那曾走過的階段是冒險人生的話，如今應該是逐步邁向「化」的人生了。

「化」者絕對不是不堅持真理，而是對己見不如往日般執著。不執著不是懷疑自己的信念，而是體會真理不一定可以愈辯愈明。尤其在辯論中加進個人的意氣時，問題便更複雜。「化」者就是相信對方對真理的認識和掌握不一定比自己遜色；同樣，亦接受自己的看法不一定是最好。「化」者就是相信天外有天。

「化」者不是無欲無求，而是對名利失去昔日的興趣。「化」者所追求的，是一種重情重義的關係，一種隱藏在心中多年的夢想。名利不一定使人失去情義，但名利會使人不易察覺情義是易受傷害的；名利也不一定與個人夢想有所抵觸，但追求名利會使人失去聆聽自己聲音的能力。「化」者就是重新調整個人的價值秩序。這不是因為遭逢事業危機，而是因為體驗情與夢想之可貴。

「化」者不是事事「無所謂」，不介懷別人的評價，我行我素。自信不是來自別人的認同或成功駁斥批評者的言論，而是從自身開始。就是有勇氣坦白講真話，不計較由此帶來的批評與標籤。坦白說話從來不是一件容易的事，因為坦白不一定可以「造就人，使人得益處」。「化」者無意要攪亂秩序，只是他不能容忍對自己虛偽。

「化」者不是向現實低頭，而是對現實世界的參透。「化」者不是不講理想，而是參透理想的實現總離不開運用人間權術。「化」者就是拒絕玩弄權術，拒絕參與權力爭奪遊戲。再者，「化」者更是因認識和接納自己的能力，而不對自己懷有不恰當的期望與要求。

「化」絕不是無能者的代號，也不是長者專用的詞語。它是人生新階段的開始。當中，往日的冒險精神可能已經失去，但換來的，是更多的包容與接納，對情與夢想的愛惜，對真誠與坦白的嚮往。然而，沒有這種體驗、這份心情的人，就是「食古不化」嗎？斷然不是，只是「化」者不以「化」自居，卻有意識地選擇以「化」的態度來生活。

說一聲「夠」

甚麼是足夠？如何決定一個人所有的是否足夠？這些問題不容易界定。除了因為每個人的需要都不一樣外，更重要的是我們總認為自己不足夠。所以，以各取所需作為社會的理財方法並不會成功。有很多辦自助餐的老闆都會提醒顧客，桌子上餘下的食物每兩收費五元，因為他不相信顧客懂得說一聲「夠」。

從社會經濟發展的角度來看，我們最怕消費者說一聲「夠」。因為資本主義的經濟建基在消費上，所以，當人減少消費時，經濟就會蕭條，失業率上升、通縮等會相繼出現。這正是製造商不斷投資拍廣告，希望藉此推動和刺激時下消費的原因。足夠是個危險的訊號；相反，不夠卻是一個喜訊。事實上，我們亦很擔心我們的孩子在學業上太快和太早說一聲「夠」。

從個人的角度來看，足夠似乎是相對於多餘和過分來說的。例如，對於那些因飲食致肥的人來說，他們可能需要對食物說一聲「夠」，才可以保存生命。對於那些忍受無良雇主剝削的工人，他們可能需要說一聲「夠」，以致不怕被裁員，與別人一起爭取當得的報酬。原來，說一聲「夠」有這麼大的力量。

這樣看來，足夠就離不開三個基本的考慮。第一，足夠是對自己能力的一個評估。這不一定削弱我們的進取心，因為我們要為自己定下標準，但我們不能對自己有不恰當的期望。這並非不需要挑戰自己，而是要認識自己的限制。第二，因懂得說一聲「夠」，我們才懂得將多餘的與別人分享。由自身的足夠開始，從而發現有不足夠的人，以致我能與他們分享我所有餘的。所以，足夠者的進取，不是為了自己，而是為了別人。第三，足夠是一份對自己和社會的控訴和期望。對自己，是因為我不應繼續沉默，不應這樣怨天尤人下去；對社會，是因為我不能再容忍社會中對色情的放縱，對困苦者的冷漠。

讓我們向自己、向社會說一聲：「我夠了。」

理想與現實

「理想」一詞有幾個不同的含義。第一，它關乎個人的夢想。夢想不一定會實現，但它卻可以成為當事人的目標和推動力。所以，我不擔心人只講理想，卻擔心他沒有理想。第二，它牽涉到人對事物持有一種應然的態度。人往往以「理想」作為批判事物的準則，並以此量度事物。對一個理想主義者來說，「現實」一詞永遠帶有妥協之傾向。另一方面，對一個現實主義者來說，「理想」只不過是茶餘飯後拿來消遣的話題。

同樣，「現實」一詞亦有幾個不同的含義。第一，它相信歷史與處境。正因如此，一切對事物的理解就不能不考慮其身處的環境。這樣，現實就是忠誠地面對歷史的一種狀態。第二，它相信衡量事物的準則不在於所持理念的合理性和卓越性，而是在於其實用性和可用性。對一個現實主義者來說，「理想」一詞永遠指向那些不吃人間煙火的人、與生活脱節的理論。另一方面，對一個理想主義者來說，「現實」就是放棄堅持與追求真理。

理想與現實間之張力似乎是我們生活形態之本質。對一個理想主義者來說，當他設法實現他的理想時，作出某程度的遷就實在所難免。例如，一個信奉自由市場哲學的人，不能漠視政府或會參與和干預市場的可能性。又對一個理想主義者來說，他不可能只隨著歷史走。理想與現實間之張力，往往在於我們選擇從哪個向度起步，多作一點考慮和參考。不同的起步點必然令討論雙方產生張力和矛盾，但這一切卻有助彼此掌握與處理問題。

我更質疑的是：究竟有沒有所謂的絕對理想主義者呢？若絕對理想主義者難尋，為何我們卻在教會找到數之不盡的理想主義者？從講道分享到生活見證，我們只聽見一篇篇「應然」的道。可悲的是，這些教會中的絕對理想主義者卻視那些重視現實者為「世俗化」信徒，卻不懂欣賞他們的務實。

真實中的不真實

基本上，任何事物本身都帶有「開顯」和「遮蔽」兩種的性格。「開顯」，是指任何具體事物都是真實地表達事物的本相；「遮蔽」，就是當試圖以具體方式來表達事物的本相時，任何具體事物總不能避免地限制了、甚至扭曲了事物的本相。例如，一張四腳的椅子，它具體地表達椅子的本相，但同時，它亦限制了我們對椅子的理解。以致當有其他類型的椅子出現時，我們會懷疑地問：「這是椅子嗎？」

當熱戀中的男女對婚姻生活有很高的期望和憧憬時，他們會選擇以結婚來實現他們的憧憬。有趣的是，結婚後，他們卻體驗婚姻生活並不如憧憬中那麼浪漫和溫馨。白馬王子和白雪公主的故事只可憧憬，不可實現。然而，以上的說法不是指我們不應將事物具體化；相反，我們需要將事物具體化，以致我們可以理解和認識它。要注意的是，在肯定將理念具體化的重要性時，我們亦要正視將事物具體化所隱藏的扭曲性。

事實上，這扭曲是不能避免，亦無需避免的。若具體事物能沒有限制地呈現本相，它就是真善美。用宗教術語來說，它就是上主。但上主又豈是這事物呢？所以，它只可能是偶像。我們從生活體驗中發現，若有任何人自稱是真理的代言人時，他帶來的往往是操縱與迷惑。這樣，我們可以很正面地接受具體事物中必然存在的扭曲元素。這是本體上的需要。正因任何具體事物都會扭曲真實的本相，所有具體事物本身就要有意識地以「自我否定」的態度來避免將具體事物絕對化。自我否定不是對自信的否定，而是坦白承認本身的限制。

然而，究竟有多少人或組織有勇氣承認自身的存在是會扭曲真實本相的呢？教會從來不願意承認她對真實教會的扭曲，以致她不斷以虛假來掩飾自己的虛偽。香港特區政府亦不例外，她不斷推卸責任和製造虛假言論來維護她的治權。坦白承認自身的扭曲性就是對真實的尊重。嚴格來說，就是不僭越上主的榮耀。

認命

在一次公開聚會討論有關基督徒如何在工作上作光作鹽時，我提出基督徒要「認命」。然而，當時的參加者對我的說法頗有保留，因為他們覺得「認命」就是向所面對的信仰挑戰作出妥協。相反，他們相信基督徒應該、且可以，克服工作對信仰所發出的挑戰。不但如此，他們堅信工作環境是可以被基督化的。對於他們的信心和樂觀，我十分佩服。但究竟有多少信徒能夠活出這樣的生命呢？當他們不能活出這樣的生命時，究竟是他們的屬靈生命出現問題，還是我們對基督徒如何處世的定位出了問題呢？

「認命」就是嘗試以現實處境來看事物。就是學習接受一個我們沒有辦法改變的現實。接受現實不等於妥協，而是不低估它的力量和真實性。「認命」就是我們不一定要改變或克服現實的種種狀況，而是可以與它一起共處。「認命」就是不向現實低頭，但又接受自身的限制，並坦白地承認現實就是有這麼大的威力。認命就是與你不滿意的現實共處的生活態度或藝術。

我真的不明白，為何基督徒要以克服的心態來處世，而不能以共存的態度來處世呢？後者是否過分現實，又不肯為信仰付代價？可能是，但又可能不是。可能不是，是因為克服的心態假設了人是超能者。他有能力去克服一切困難，問題只是他是否願意。但抱持這想法的人忘記了，最終我們仍舊是罪人。此外，克服的心態假設了克服才是勝利，而一切不以克服為目的的，都是向罪惡低頭的表現。但他們忘記了，勝利不一定在於打倒對方，也在於被打倒時不氣餒、不絕望、不放棄。再者，持克服心態的人，因認為上主是絕對的，便不能容許現實中未如理想的部分繼續存在。但他們忘記了，律法書中亦充滿向現實作出的讓步，容許奴隸制度的存在便是明顯的例子。

提出「認命」的生活態度不是要為信徒找一條容易的路，而是不簡化、不扭曲及不輕視現實生活。

認真

「認真」是我們做人和做事應有的態度。簡單來說，認真就是不苟且、不懶散和不馬虎。然而，每個人總帶著不同的角色和身分，而每個角色和身分都要求我們認真、投入和委身。例如，工作上，我們的上司不但要求我們百份百投入，更要超時和超空間工作（即把工作帶回家做）。在家庭裏，我們的家人要求我們百分百投入，準時回家，回家後放下一切工作投入家庭生活。在教會裏，我們的牧者也要求我們百分百投入，不但要每月奉獻，更要多參與教會的培訓和聚會。但人始終有限，時間有限，思想也有限，要在生活每個層面上都認真地付出，基本上是不可能的。這絕不是藉口，而是事實。試想想一個人如何可以在各方面都稱職呢？就算稱職，也可能只是整體表現的評分。那麼，在認真之餘，我們就不能排除認真中之不認真的可能。

認真中之不認真不是對相信我的人或羣體不負責任，而是承認自身的限制，並在有限的能力下，儘量認真。但對對方來說，這份儘量的認真還是不夠認真的。一是因我沒有盡全力，而其實我是可以做得更好的。二是我沒有將對方放在較優先的位置上，當與一些佔先的事情比較時，我便顯得沒那麼投入和認真。明顯地，這是一個價值和優先次序的問題，但又有誰能批評我的選取呢？當然，當我選擇不將工作放在最優先時，我會被上司批評我的工作熱誠，可能不獲加薪和晉升。但這又何妨呢？因為這是我的選擇。同樣，當我選擇將工作列為最優先的事情時，我就不能期望我與妻兒可以有甜蜜的關係。他們的體諒只是恩典，不是必然的。

在這裏，我不是討論一個「有得有失」的理論，而是反問我們有否考慮認真中之不認真的可能性。究竟甚麼事或甚麼角色可以用這態度來處理？這不是我可以代你說的，而是需要你掌握自己現存的處境，以致在實踐認真中之不認真時，你不會被淘汰（工作）、被憎恨（家人）或被放逐（宗教）。

做夢

日前，與一位畢業一年多的工商管理系學生吃飯。她與我分享工作上的苦與樂，信仰上的喜與悲。然而，在一切壓力下，她依然充滿盼望和戰鬥力，並問：「老師，你有甚麼夢想？」

很多時，我們都聽到身邊的朋友說，若經濟情況許可，他們會提早退休。有趣的是，特區政府卻有意把退休年齡延長至六十五歲。人們選擇提早退休，應該不是出於「不想阻住地球轉」的偉大胸襟，而極有可能是因工作帶來的壓迫使他們感到疲累。工作不但消耗我們的身心，更使我們不敢做夢、沒有時間做夢。我曾聽一位姊妹說：「提早退休後，我會學插花、做手工藝。」我又曾聽見一位弟兄說：「多年來重複做著相同的事情，簡直是浪費了我的生命，所以，待我沒有經濟壓力時，我一定會提早退休，不再浪費青春。」就我們所體驗的，工作似乎是剝削我們多於造就我們、燒毀夢想多於培育夢想。夢想與工作是勢不兩立的。試問有多少人能在工作中實現他們的夢想？

這是個悲劇。因為多年來，我們只活在別人的期許和要求中，而我們又知道，這不是自己想要實現的夢。坦白說，若我們放棄做夢，工作可能會輕鬆些。但不做夢我的，又豈是我呢？夢似乎帶點虛幻，但它卻是真實的我不可或缺的。

倘若我們沒有放棄做夢，我們就絕對有需要較清楚地分辨公眾空間和私人空間。私人空間就是我做夢的地方，是我夢想成真的地方，亦是我夢寐以求的地方。然而，這麼長時間活在別人的夢中，我們可能已不懂做夢，以致我們誤以為做夢就等於進修，做夢就等於旅行，做夢就等於唱K（Karaoke）……。

當然，沒有人能干預別人做夢的內容和形式。否則，做夢者的夢便會變成干預者對他的期望，而不是他自己的夢了。正因如此，我們就不能不問：進修是為了滿足社會要求我增值的的期許，還是我自己的夢？旅行是為了追趕潮流文化，還是我自己的夢？

我的夢是甚麼？就是十一年前，我和內子要建立「山農舍」的夢。

自我增值

自金融風暴後，我們整個社會都嚷著要增值。在雇主方面，增值就是減低成本和增強效益。所用的措施不離減薪、凍薪、加長上班時間、辭退員工、重組架構等。至於雇員，他們就藉著不斷的進修和爭取工作表現來增加和肯定自己的競爭力，好使自己不會成為裁減對像。頓時，整個社會變得很有生氣，很有魄力。因為每個人都比以往更認真工作、更努力充實自己。然而，在這一切的背後，我確實擔心我們的社會會變得比以前更功利、更無情。

其實，我們時常說的自我增值，是個以經濟效益為主導的概念。意思是，增值的目的不是為追求自我生命的突破，而是我如何有更卓越的工作表現，以滿足工作對我的要求。甚至當我們強調EQ的發展時，我們所關注的，仍是如何在不利的工作環境下仍能自處，而不是以個人成長為依歸。當然，增值不是一個壞的概念，而我們也應該對自己有期望。但問題是，若自我增值是以經濟效益為惟一的量度標準的話，我可以說，這不是增值，而是貶值。這是將自己規限在經濟領域中，成為單面人，看不見生活的多方面。

另外，我們不斷聽見有人說，工作表現應與加薪幅度掛鈎。明顯地，這是特別針對公務員和受政府資助的團體而說的。在一個資本主義的社會裏，以多勞多得作管理哲學實是無可厚非。難道我們應該嚮往「做又三十六，不做又三十六」那種社會經濟模式嗎？然而，當我們過分強調多勞多得時，我們便愈來愈傾向一種個人主義，一種以高舉自己利益為依歸的做事和生活態度。當然，我贊成一人做事一人當，但這種態度變得極端時，換來的就是羣體精神的消散。我要對我所做的事負責任，其他人的事就與我無關。同事不再是同行者，而是競爭者。再者，在多勞多得的哲學下，我們會漸漸忘記了要給社會弱勢羣體一份無條件的愛心和關懷。

獨處

我們似乎已毫無疑問地接受了人是社交地存有的，以致我們相信惟有藉著與別人相處，我們才能認識自己和找回自己的身分。當然，這假設並沒有不妥之處，但卻不足夠。因為若我們只強調人的社交性，我們不一定可以正確地認識自己。因為人類的社交總不能避免扭曲，甚至欺壓。若我只從社交中認識和肯定自己，我可能只會成為別人眼中的我，而不是真我。最後，我竟成為真我的陌路人。這樣看來，認識自己就不可能只停留在社交層面上，而應考慮從自身開始。這說法似乎包含了個體本身也存在社交性的意思，以致「從自身開始」這話可以成立。或許，所謂個體中的社交性就是生命中的超越。超越指人能踏出自身以外，以他者的角度去反省與感受自身。這過程是從自身開始，又回歸到自身。

獨處是任何生命中都不可缺少的。因為獨處是對自身的一種維護——避免在社交中失去自己，成為一個「社會的我」（a social I）。獨處不是與人的社交性對立，而是對自身的一種預備，讓自己可以更真誠和坦白地投入在社交關係中，與別人建立我與你的關係（I-Thou）。再者，獨處更是學習成為自己的朋友，掌握、接受和認同自己身體和情緒的變化。

獨處豈是一個人呆在家中呢？因為這不會令我們對自身有所反省。獨處也不是一種獨行俠的生活方式，因為獨處是要讓我們更真誠地與人相處。獨處更不是單身或獨身的同義詞，因為獨處並不是某種生活狀態的專利。相反，獨處是為自己預留空間，讓自己不但有機會做自己有興趣做的事情，更從中面對沒有戴上面譜的自己。獨處不會讓人感到孤單，只會讓人感到釋放。

現代人似乎已失去了這份情操，以致我們不懂得選擇不忙碌、不社交。每逢假期，我們只懂盡情睡覺，或參加各種對身心靈有益的活動，卻沒有考慮讓自己停下來，靜靜地聆聽、感受自身的呼吸和感覺。

旅遊

跟大部分香港人一樣，我熱愛旅遊，但我不喜歡參加旅行團。多年來，我只有一次參加旅行團的經驗，那次是因為孩子嚷著要一嘗參加旅行團的滋味。然而，那次經驗是令人失望的。自始以後，我們更肯定自助旅遊的好處。

自助旅遊的優點，就是可以按自己的興趣安排自己的行程。事實上，自踏進人類世界後，我們的生活已不再是自己的了。學校生活、家庭生活、工作，甚至餘暇都被安排、被固定、被分派。我們只可選擇做與不做，卻甚少有選擇如何做的空間。自助旅遊的吸引之處，就是我們可以享有作選擇的空間，更可以無拘束地自作主張。這份釋放的感覺，只有在脫離了本身身處的文化下才能充分體會得到。

自助旅遊的另一個吸引之處，是每一天都充滿不肯定、未可知的際遇。當然，這種生活可能會令人緊張和不安，因為我們不希望每天都要為車票和旅館而煩惱。但這些所謂的煩惱卻為生活帶來新發現和新刺激。或許，現代人的生活就是要儘量避免和克服生活中不肯定的元素。不錯，人需要有安全感，但過分著重安全感卻會使人失去冒險精神。在自助旅遊中，我們可重拾不安全帶來的誘惑。

當然，以上所說的一切不一定只在旅遊中才可以體會得到。其實，旅遊的引人入勝之處，更在於與另一文化的相遇。相遇，是與當地的歷史文物相遇，以致能感受到當地遺產的豐富。相遇，是與當地的老百姓相遇，從別人的故事中感受生命的姿采。相遇，是與道地的食物相遇，以致發現這個世界充滿新奇與數不盡的奧妙。相遇，是與當地的手工藝相遇，從中讚嘆上主賜給人類測不透的創意和心思。

然而，年紀大了，我已失去了年輕時對衛生、擠迫、等候和四處為家的忍耐力。或許，若我十年前有機會到印度來，我會比現在更欣賞和包容印度的生活文化。

空間

空間不關乎面積或體積，而關乎個體是否可以感受到釋放與自由。這樣看來，空間感就是外在環境與個體觀感的互動。例如，香港的房子極之細小，靠恰當的室內設計，我們仍可以從中營造出一點空間感。話雖如此，房子的大小絕不是不重要的，所以我們總希望能擁有一幢自己的花園洋房。這亦是國內物業常以此作招徠的原因。

然而，空間感豈只是一個尺吋的問題呢？宗教人士提出心靈空間的重要，他們質疑現代人被物質和消費所佔有，以致心靈一點自由都沒有。人權分子提出思想和言論空間的重要，他們質疑特區政府究竟是否尊重學術自由和表達的自由，以致各媒體和羣體因特區政府所施予的壓力而要內部實施某種形式的自我審查。教育工作者提出成長空間的重要，他們質疑香港的教育制度究竟是培育孩子的創意，還是製造失敗者和複製品。

正當我們持著崇高的理想，並努力捍衛不同形態的空間時，我們發現一個嶄新空間開拓行動正迅速地發展。它就是互聯網。

在互聯網的世界裏，我們可以感受一個沒有邊際的空間。在很短時間裏，我們可進出不同的領域，亦可以隨意地接收任何資訊。不但如此，我們更可以自由自在地發表意見和參與討論。那份自由、釋放，是宗教家、政治家和教育家所提出的空間不可比擬的。因為在互聯網的世界裏，我只是一個符號，一個可隨意轉變的符號。這正是很多人每天用上一個多小時在互聯網上，毫無焦點地click來click去，卻沒有一點倦意的原因。

當我們感到互聯網所帶來的那份自由和釋放時，我們的空間並不如想像中那麼海闊天空。因為互聯網將我們帶進一個陌生卻吸引的世界，而這個世界充斥著林林總總的資訊。當你成功click上合適的網址時，你可能已為此用上一個多小時。或許，無邊際的空間所帶來的，不僅是自由，更是對自由的消耗。

享受

不知甚麼原因，信徒大多不愛談享受。有些信徒容許自己稍為享受一下物質世界所帶來的歡愉時，他們都會自嘲地說：「我貪愛世界。」或正在吃大餐時，他們都會補充一句說：「求主記念那些吃不飽的人。」很多信徒認為，雖然追求享受不是一件好事，但信徒這樣偶然享受一下，還是可以容忍的，因為他們修道尚淺。然而，同樣的邏輯卻不適用在宗教領袖身上。例如，我們會很不習慣看見出家人戴「金勞」（名貴的手錶），看到教牧同工「揸Benz」（開豪華房車）會感到不自然等。

我們的不自然似乎暗示了，宗教與物質世界間有一接連不上的鴻溝。宗教領袖本身就代表著一種世人既嚮往卻不能實現的生活。當宗教領袖大吃大喝、「揸」貴車、戴「金勞」時，他們的行為就破壞了宗教與物質世界不可接通的預設。為了保持自身對理想世界的維護，我們將宗教領袖塑造成不愛享受的人。當宗教領袖本身亦參與和維護這個塑造的過程時，這塑造出來的形象便變得必然和真實。

究竟享受有甚麼不妥呢？或許，基本上，我們太著眼於物質了，以致我們一看見有人稍為享受生活時，我們就很快批評他為貪愛物質，或冠以物質主義等罪名。不錯，享受可能是藉著物質而來，但這不一定等於物質主義。正因我們有這樣不恰當的聯想，我們才看不見物質背後所展示的美與創意。

對我來說，享受就是懂得欣賞自己的成就。買一輛名貴房車，吃一頓豐富的晚餐，參加一次旅行等，都可以是對自己辛勞的一種欣賞。每個人都有他欣賞自己的形式，我們又何需限制別人呢？

享受就是懂得發現周遭的樂趣，以致可以參與和分享這世界所帶來的樂趣。世界的美不單在大自然中，更可以在人類藉著創意造出來的製成品中。有人會認為隨隨便便一台鐳射唱片放音機就可以了；又有人覺得喝甚麼紅酒都沒所謂，因為他們無心細意欣賞，甚或不懂分辨箇中不同。但有些細意享受的人，他們對音質有要求，喝酒也很講究。難道這就是貪愛世界嗎？

重點不在享受本身，而是當人陶醉於享受中，忘記了享受是要帶來心靈的憩息時，他們便失去了享受中的美與善。

分享

分享似乎是人類社會中一種不可缺少的元素。這意味著人是社交地存有，不適宜孤立地生活。真正的分享永遠是雙向的。但奇怪的是，今天我們的社會對分享的理解卻傾向單面和單向。不但如此，它往往是指「有者」向「沒有者」分享的過程。例如，我們向小孩子說，請你與那些沒有糖果的小朋友分享你手中的糖果；又如請香港市民與非洲莫三鼻正經歷水患的人分享你們的富足。在這種理解的潛移默化下，作為那「有者」的，便不容易感到自己也是領受者，即從「沒有者」身上領受那非物質的分享；另一方面，作為「沒有者」的，因為只看自己是一個領受者，便不覺得自己有甚麼可以與別人分享。若分享沒有以雙向作為基礎，給予者和領受者就成為兩個不同的階層。嚴重的是，因給予者就是「有者」，他就極容易因此而操縱「沒有者」；相反，因領受者就是「沒有者」，他的自我價值便會有偏低的傾向。

分享要以雙向作為基礎。這不是關乎平等的考慮，而是相信每一個生命（富有或貧窮，智慧或愚蠢）總是獨特的。所以，對給予者來說，當他分享他所擁有的時候，他亦從領受者中領受生命，反之亦然。然而，這關係不是基於回報，而是基於沒有一個生命是多餘的，亦沒有一個生命是可自給自足的。

除了物質是可以分享外，思想也可分享。第一，思想分享的目的是要產生共鳴。這正是為何作家總希望有讀者、有知音人。不是為了市場的需要，而是這份共鳴使他繼續有創作的衝勁。第二，思想的分享是要去聆聽他人對自己的評論和建議。面對批評不是一件容易的事，但分享本身是雙向的——存在給予和領受的成份——與人分享者不能期望不會受到批評，因為沒有批評就沒有分享。但若批評是出於標榜自己的能力，或是出於對分享者的鄙視時，這已不是分享，而是罵戰。

酒肉朋友

報章上常刊登有關名人生日派對的消息。當然，其中有些慶祝方法是很荒謬的（例如校服派對），但當中亦有令我羨慕的地方。人到中年的壽星公，竟然還有那麼多人出席他的生日派對。或許，我們會批評這些人只是酒肉朋友，不能共患難。但只有共患難的朋友，而沒有酒肉朋友卻是一件可悲的事。因為生活豈是只有苦而沒有樂的呢？酒肉朋友使我們不放過生活中那一丁點的樂趣。

自組織家庭以後，與朋友共度自己生日的機會並不多。又當孩子出生後，為自己慶祝生日的，大都是家庭成員。事實上，我以往十年的生日慶祝活動都是由內子安排的。由預備生日蛋糕、烹調美食到挑選生日禮物，都是她帶頭與孩子為我一一細心安排，甚至在她患病那一年也不例外。然而，今年我卻沒有這樣的福氣，因為她已經不在。雖然孩子們嚷著要為我慶祝，但奈何，蛇無頭又如何行呢？為了孩子，我仍勉強地為自己的生日慶祝一番。當天，小女兒問：「爸爸，你邀請甚麼人來參加生日會呢？」我無言以對。

或許，我已不懂得與朋友一起慶祝；更真實的，就是我找不到為自己慶祝生日的理由。我回答：「你們兩人就是我的來賓。」但她們卻說：「家裏的人不能算是來賓。」

兩日後，有一些舊同學相約到我家來重聚。對於他們提議到我家裏來，我沒有異議，並表示歡迎。門鈴一響，我從沒有想過，他們帶著一瓶紅酒、一個寫上我名字的生日蛋糕、一份禮物、一張生日咭而來。接過這一切，內心湧起對友情的珍惜。作為朋友，他們不單與我共度艱難，更為我製造歡樂，使一個已失去生日快樂的人能重拾生日的快樂。

為著我曾與內子共度生日的時刻，我感謝上主；為著那些認識二十載的朋友，我感謝上主。在遺憾的生活中，我舉杯暢飲。因為縱使我失去了內子，我還有不曾忘記我生日的酒肉朋友！

溝通

溝通是一個雙向的過程。一方面，說話者要盡力使聆聽者明白他話語的意思；另一方面，說話者又要了解聆聽者是否真的明白他的說話。當然，聆聽者也是同樣扮演這兩個角色。一方面，他要去明白對方所說的話；另一方面，不論同意與否他都要表達意見。當說話者與聆聽者之間存在真正平等的對話時，他們已沒有分別。因為說話者又是聆聽者，聆聽者又是說話者。彼此尋求明白對方的同時，亦盡力向對方表達自己的看法。溝通的重要不單是因為我們的社羣性，更是因為沒有雙向的溝通，人倫關係就會被有權勢者所主導。

從雙向溝通的角度出發，作兒女的就有需要向父母表達他們的意見，而父母亦有需要去聆聽他們的說話；作雇員的就有需要向雇主表達他們的意見，而雇主亦有需要去聆聽他們的說話；作公民的就有需要向政府表達他們的意見，而政府亦有需要去聆聽他們。（當然，以上的關係是可以反過來看的。）但我們如何鼓勵和保障兒女、雇員與公民可以無懼地表達他們的聲音和被聆聽呢？當然，這牽涉父母、雇主與政府所代表的聆聽者持怎樣的態度來相處。然而，當我們認同溝通是要避免被任何一方所主導，是要積極地建立互相尊重、互相信任的關係時，我們便有需要考慮在機制上做一點事。例如政府應考慮加速民主進程和增加政府運作的透明度，公民應組黨和積極參與社會事務等等，來幫助建立這種互相尊重的關係。

然而，溝通豈只關乎明白與理解，說話與發問呢？溝通更牽涉情感與感受。聆聽者要用心去感受說話者的情感，而說話者要懂得恰當地將自己的感受說出來。這樣，溝通就離不開相遇：與說話者相遇，與聆聽者相遇。政客與市民的相遇不應被視為宣傳其親民形象的機會，而應是一個感受說話者情感不能缺少的層面。另一方面，說話者不應以暴力來表達他的感受，因為我們要顧及聆聽者的感受。溝通要有尊重、平等，但卻不暴力、不虛偽。

「對人的工作」？

在生活習慣裏，我們似乎將工作套入了一種二元的分法中。一種是「對人的工作」，另一種就是「對事的工作」。所謂「對人的工作」就是指教師、社工、護士、傳道人等。相對來說，不是這類工作的，就應該是「對事的工作」。然而，用人作為準則來劃分工作的類別，其實是有困難的。一，人是指我們服務的對象，還是機構裏的同事呢？事實上，我們發現很多所謂做「對人的工作」的高級職員，並沒有直接接觸服務的對象。他們所做的又是否「對人的工作」呢？二，「對人的工作」所指的人，是否指那些需要我們提供服務的人呢？若是，究竟甚麼服務才算是「對人的工作」呢？今天，坊間很多銀行、人壽保險、甚至健康食品都打著為你提供度身訂造服務的旗號。難道他們做的不是「對人的工作」嗎？若他們所做的都不算是「對人的工作」的話，我們是否將人切割了呢？

以上的討論是要指出，「對人的工作」不應只是指那些傳統「對人的工作」的工種。換句話說，我們應該看一切的工作都是「對人的工作」，不要讓工商界有藉口說，他們不是「對人的工作」，而可以理直氣壯地逃避對社會的責任。不論是為名、為利、還是為人，我們總沒有藉口不為人。

究竟甚麼是「對人的工作」呢？簡單來說，所謂「對人的工作」不是以與人接觸或與機器接觸來界定，而是指那些以為人類謀福祉為己任的工作。尤其當別人的需要與個人利益有衝突時，做「對人的工作」的人就會毫不猶疑地將個人的利益放下。這不但是他們的選擇，更是社會對他們的期望。事實上，若他們只是為了爭取自身的利益，不論合理與否，他們是不會得到廣泛的支持的（例如，近期新入職的醫生爭取提高薪酬）的。此外，以人類福祉為前題的人是不會以罷工來爭取個人或羣體利益的。這不單是關乎專業操守的考慮，更因為這是「對人的工作」。別人的需要永遠放在首位。

這是否只針對專業團體？應該不是，而是包括一切看自己為「對人的工作」的羣體。

需要

若問你甚麼是世上最重要的東西，你會如何回答呢？我會毫無保留地答：就是找到我所需要的，而又被對方認定我是他所需要的。很明顯，以上所說的，只可以在人際關係中找到。當然，若只有一方認定有此需要時，這份關係是令人惋惜和傷痛的。

需要不一定是因缺乏才產生的感覺，需要也可以是因一份愛、一份因投入而產生的感受。意即，在任何彼此投入的關係中，彼此需要對方的感覺是很自然，也很真實的。這份需要不是從缺乏而生，而是從承擔而起。我的兩個孩子需要我，除了因為我是她們的「米飯班主」（供養者）外，也是因為我們已進入一種彼此投入的關係裏。同樣，我需要我那兩個孩子，除了因為她們使我的生活充滿色彩外，也是因為我們已進入一種不能替代的關係中。然而，關係總有完結的一天，已被滿足的需要可能會因此變得有點缺憾。但正因需要不是從缺乏而生，所以這需要沒有被填補的可能；又因需要是從承擔而起，是出於自願而不是責任，關係的完結不會使個人的擔子輕省些。

然而，今天我們已不從彼此投入的關係來理解需要的意義，卻在一個供求的理念下詮釋需要的定義。缺乏是需要的惟一解釋。放諸經濟領域中，就是需求與供應的關係。雇主與雇員的關係就是嘗試尋找供求的平衡點，釐定各方的需要和價格。在這理解下，需要便可以被量化、被製造、被替代、被買賣。需要更被視為擁有的反義詞。漸漸地，我們已習慣了以這種態度來與人接觸。

雇主與雇員的關係不牽涉承擔，只有價格。雇員不需對雇主忠心，人望高處是雇員以利益衡量後產生的轉職心態。雇主也不需為雇員設想，只需盤算如何設法壓低工資。男女的關係也不牽涉承擔，只是各取所需。婚姻不再是互相承擔，而是被製造出來的浪漫需求。

而其實，彼此需要不是一宗交易，它是由愛衍生的一份無條件的承擔。

兼職

簡單來說，兼職是指正職以外的工作。然而，我們如何決定哪份工作是正職、哪份是兼職呢？例如，有大學老師半開玩笑地說，現在有些大學生是兼職讀書全職工作的。意即，從大學的註冊資料來說，這些學生是全時間學生；但從優先次序的角度來說，卻不是這樣。上課對這些學生來說只不過是次要的事情，是與其他活動沒有時間衝突下才做的事。另一方面，正職和兼職中的「職」應如何理解呢？除了關於職業外，「職」更關乎職責。所以，我們常聽見父兼母職、身兼副校長之職等說法。可能因填寫報稅表的緣故，我們已不自覺地只以經濟回報來分辨全職與兼職。

若以上的理解是可以接受的話，兼職就不只是關乎額外收入的考慮，而是牽涉個人優先次序和身分帶來的職責。正職的定義不在於那份工作佔據我們多少時間，而在於我們是否認定那工作在生活中的重要性。另一方面，我們卻發現有些職責是不能兼職的。例如父母、基督徒等。將這些職責兼職化，是對該職責毫不認識又不盡責的結果。

一般來說，每一行業都會有求職、受聘、升職、解雇、辭職等程序。這一切的發生是關乎雇主與雇員間的互動性的。但究竟這情況是否可應用在職責一事上呢？例如，父母是否可被解雇或自動請辭？基督徒有沒有升職與轉職的機制呢？或許，某些職責真的可以請辭，例如教會執事、屋宇的業主委員會委員、機構董事等。但若這些職責並不是依賴身分轉變而有，而是牽涉因身分轉變帶來個體存在的轉化而有時，請辭和解雇就不只是「不幹」，而是對個體存在的否定和侵犯。我們究竟如何決定哪些職責是關乎個體存在呢？惟有當我們感到那呼召時，職責就與個體存在緊扣了。強調呼召感不是要將問題聖化，也不是鼓吹一種直覺主義，而是肯定生命是不能沒有回應，不能沒有承擔，不能沒有方向。因此，我相信自己是被呼召為基督徒，被呼召成為孩子的父親。

標籤人

人類世界總不能離開標籤，因為標籤有一個很重要的功能，就是透過周遭的人或事的歸類，突出他們的特點，好讓我們有秩序地認識這複雜的世界。然而，標籤不只是認識論的問題，它更是一個政治的問題。意思是，標籤同時有跟別人劃清界線、扣帽子之功能。例如，坊間俗稱的「親中派」不單是指一種政治態度，更是保皇派、支持中央的意思。後者的標籤，是用來劃清界線、分明敵我的。又例如，「民主派」不單是指分享相同信念的人，它更是逢中必反的意思。後者的標籤，是用來扣他人帽子的。

但我總要承認一個事實，就是有時被標籤的人會因此而沾沾自喜。不是因為他喜歡突出自己的特點，而是因為他認同那標籤所代表的價值。縱使因標籤的緣故而被人排斥，但他依然會引以為榮。最佳的例子就是青少年世界中的朋黨。他們不一定因被標籤而不開心；相反，他們會因這標籤而自豪。然而，我要補充的是，儘管有人樂於被標籤，但同時亦有些人是很介意被標籤的，因為這是一種對他不公平和不真實的定性。

以上的觀察同樣適用於教會生活。有教會（或教會機構）被標籤為基要派（或自由派），他們可能會因這標籤而自喜，因這標籤所代表的價值是他們所嚮往的。當然，亦有教會（或教會機構）著意要澄清因標籤帶來的誤解和不公。

若我們說，人類社會總離不開標籤，而標籤本身又是一個政治化的過程時，不帶有定性和扣帽子傾向的標籤根本不可能存在。那麼，我們應如何是好？因標籤本身帶有政治性，所以我們就不應以他人的標籤準則作自己的標籤準則。他人的標籤只是一個參考而不是定論。另一方面，對別人的標籤應是多層面而不應單一的，藉此來平衡標籤的絕對性。

忠誠

對大部分人來說，忠誠（fidelity）是指婚姻關係中雙方對彼此的態度。意思是，若其中一方有婚外情，他／她就是不忠。忠誠包含專一和不移情別戀的意思。奇怪的是，這種排他的愛不被指為自私，反而被稱讚。這大概是因為要在長久的婚姻關係裏保持專一是件困難的事吧！（說笑）然而，以上對忠誠的理解有著一定的限制。

第一，忠誠只被看為婚姻關係的相處之道，以致忠誠對婚前關係不構成任何要求。例如，我們不能要求一對男女在拍拖時，便向對方付出婚姻關係中應有的坦誠。因此，我們在坊間常聽到：「新郎要珍惜婚前的一夜，因為婚後就從此被困」的論調。這些說法似乎是指無論婚前生活如何不檢點，都與忠誠無關，因為忠誠是許下承諾後才生效的。我們或許會將之訴諸於拍拖跟結婚的委身程度不一樣，就如拍拖者「換畫」（轉換伴侶）是可理解的，但結婚者「換畫」就要承受各種指控。但若我們認同以上的說法，忠誠基本上便不是一種美德，而是一種合約形式的束縛。

第二，若一個人被指控為不忠誠時，我們很快就聯想他／她有婚外情或婚外性關係。這理解並沒有錯，因為專一就是忠誠的最佳體現。但將忠誠與性掛鈎卻不一定是件好事。一，這將婚姻的價值貶低，單單視之為合法地發生性行為的關係；二，我們將婚姻關係過分浪漫化，以致我們看不見婚姻關係除了專一以外，還有其他別的態度。

難道我們因此而不談忠誠嗎？不是，而是我們要看忠誠為一種美德，即不讓自己的腐敗和自私隨意去傷害對方，而看對方為一個獨立和當受尊重的他者。

如此，忠誠就不只適用於婚後，也適用於婚前。例如，結婚前，忠誠是不會一腳踏兩船；結束一段感情才開始新的一段；不認同婚前性行為是婚姻生活的首期。忠誠不是婚盟向雙方附加的額外要求，而是婚前生活的延續。

我是罪人

有人理直氣壯地說：「若我們真心相愛，為何還要註冊結婚呢？再者，若我們的愛情真的不夠堅定，註冊結婚並不會改善我們的關係。因此，註冊婚姻是多餘的舉動。但若要使婚姻浪漫一點，在教堂裏結婚是個不錯的選擇。」

這些人完全弄錯了註冊結婚的意義。對我來說，註冊結婚的需要不在於它有甚麼魔力，而在於它的坦白。所謂坦白，就是承認自己是罪人。意即，縱使在這刻我如何的真誠和純潔，我仍是個不值得相信的人，因為我絕不能保證我不會有不忠的一天。我的真誠和純潔會被罪所誘惑和敗壞，這不是為自己找藉口，而是不將自己理想化。如此，註冊結婚不僅向對方坦白承認自己的軟弱：我是一個不值得信任的人；同時，註冊結婚也表達註冊者堅決的一面：因著愛，願意以外在的約束來自我限制，以致自己可以儘量避免被罪所牽引。例如，因我是已婚者，所以，我會格外小心可能導致婚外情的誘惑。

當然，註冊結婚者並非不會離婚，沒有婚外情等。

但這一切都不足以使婚姻註冊制度變得毫無意義。究竟有多少個離婚者和有婚外情的人，會以人的罪性來理解註冊結婚的意義，並著意以此來自我限制呢？他們不但沒有正視自己的罪性，反而將婚姻高度浪漫化和正面化，促使婚姻變得神話化和虛幻。最後，他們失去勇氣和堅忍來面對婚姻中的危機，即罪性所帶來的誘惑，結果慘談收場。

我是一個罪人，並不是基督教信仰對人性的貶抑，而是對人性的深度認識和坦承。惟有承認自己有罪性，才不會過分相信自己的無辜或真誠。任何受害者都絕不能因自己曾受損害的緣故，而漠視自己是個罪人。一個漠視自己是罪人的人，只會加深與別人間的仇恨和將問題過分單一化。

以暴力侵犯他人者，或許很容易體會罪性的可怕和自己的罪性。但要一個被罪侵犯的人，在指控的同時能正視自己也有罪性，以致不過分相信自己的無辜，卻十分艱難。這話無意淡化侵犯者的暴力，而是指出，在任何情況底下都不可漠視自己的暴力。

不准思考

要學習做一個負責任的人，第一步就是堅決不讓別人代自己思考。正因要自己思考，我的想法就無可避免地存在危險性（例如與主流不同），甚至到最後，可能連一點頭緒都沒有。要自己思考就要為自己的看法負責任，為自己可能犯的錯誤負責任，為沒有標準答案的生活負責任。責任（response-ability）的產生，正因我是一個有能力回應的人。拒絕運用這能力的人不等於他不需為自己負責任，他只是不負責任地生活。

然而，令我痛心的是，竟有人持著為別人著想、維護真理、高舉道德生活等旗幟來限制別人的思考自由。我們似乎相信對事物沒有太多爭辯，並對所有事物有很清楚和一致價值判斷的羣體就是一個理想羣體。但事實上，我們卻塑造了一羣不需思考、不用負責任的人。他們的職責就是按著既定的規範來生活和選擇。當我們批評香港教育缺少培育學生獨立思考的能力時，我們當中卻有人不歡迎同學們思考、不能容忍教友思考。那些人更理直氣壯地辯護說：「學習者還年輕，他們不懂是非黑白，所以我們不可任由他們自由地選擇。」奇怪的是，當中所指的年輕人卻是高中生和大專生；更奇怪的是，自由竟變成了放縱的同義詞。

對於一個習慣了不思考的人，當你要求他思考時，他會顯得格外不舒服和不自然。因為思考存在危機，存在多個可能。一個只懂依附別人的能力、不負責任地生活的人，又何來勇氣為自己的生活負責任呢？有趣的是，這些人卻往往被吸納為擁護權力的人。他們相信自己所做的是為真理而戰，而漠視自己正扼殺自身及他人的思考自由。

一個羣體可能會因鼓勵思考而導致內部不和，但若要犧牲思考的自由來換取虛偽的和平，那便是出賣人類的尊嚴。一個擁護思考的羣體可能會令羣體失去共同的旨趣，但若要犧牲思考的自由來滿足某一階層的旨趣的話，那是對人性的侮辱。思考不是要使人迷惑，而是學習做一個負責任的人的必經階段。

社會篇

忍耐到底

我對電腦的要求不高，隨隨便便一台電腦便可以了。當然，隨便不等於「豉蛋」（沒所謂）。因為我對電腦的要求總有底線。例如，我不能忍受轉速386或486的處理器，因為它們不符合許多程式設計者在設計新軟件時所預設的硬件要求。我所說的隨便，就是沒有很高要求的意思。

家中有兩台電腦。座枱電腦的處理器是Pentium 400，而手提電腦的則是133。我對這兩台電腦的性能，大致上都沒有怨言。但有一天，我買了Office2000軟件，並隨即裝置在兩台電腦裏。當我開始下載那軟件時，我開始感到快慢的分別，亦開始忍受不了那台手提電腦下載軟件時如斯緩慢。我漸漸明白為何很多人要不斷「換機」（更換電腦）。因為在電腦科技世界裏，速度是最重要和首要的。另一方面，我亦漸漸體會急躁將會成為現代人的特性之一。

若我們相信我們的世界必會逐漸科技化，那麼電腦世界正向我們宣告：只有白痴才會忍受緩慢。高速度看來將成為人類社會的思維和生活模式。昔日，我們稱那些談戀愛不足一年就結婚的為「閃電結婚」，但我相信這在今天已是平常事。反而不可置信的倒是談戀愛四五載才結婚。我們又似乎愈來愈難相信戀愛可以不涉及性行為，因為我們沒有耐性等到結婚的那天。不但如此，我們似乎又愈來愈難相信工作要由低做起，因為我們已沒有耐性。經常轉換工作是現人的特性之一。

在一個凡事講求速度和快速回報的社會，我們似乎對不能適應這步伐的人愈來愈不耐煩。雖然我們還不敢名正言順地除掉他們，但我們已用「資源增值」、「終身學習」、「架構重整」等堂皇的藉口將步伐慢的人逐一踢走。我們甚至塑造一種氣氛，就是深圳才是適合他們生活的地方，而香港不是。為要保持香港的競爭力，我們理直氣壯地淘汰與我們一起成長的兄弟。為要爭取世界排名的位置，我們無情地疏遠那些與我們一起成長的姊妹。此刻，我特別想起耶穌的一句話：「忍耐到底，必然得救」。

違例與刑罰

上飛機的時候，隨手買了一盒月餅給住在澳洲的兄長，抵達那邊時，才發現不准攜帶任何食物入境，違者會被罰一百元。在這張巨型海報下，他們放置了一個大垃圾箱，我打開來看，果然發現了林林總總的食品。

正為著手上的月餅掙扎時，我有以下的想法：設立刑罰是因為不相信人有自發的誠實。雖然自發的誠實是最真誠的，但卻最不可靠，因為每個人總有些解釋自己不誠實的原因。相反，若以外在壓力迫使一個人誠實，那誠實是最不真誠的，但卻最可靠，因為人最懼怕權力。

因此，刑罰的目的不一定在於讓當事人明白該條例的真諦（因為明白也不等於他們能實踐出來），而在於是否成功地阻嚇當事人不違例。這牽涉兩個考慮：第一，刑罰的程度是否足以令當事人覺得，違例的代價比遵守法例的代價更大，以致他寧願選擇不違例（但這有沒有客觀標準又是另一個問題）；第二，刑罰需要執行。否則，就不能發揮阻嚇作用。

然而，刑罰雖有阻嚇性，但也要公道。一方面，違例者所承受的刑罰應與他所犯的事成正比。例如，帶食物或毒品入境都是罰一百元，這便不成正比、不公道了。另一方面，刑罰是對執行者的一種限制，也是對違例者的一種保障，因為執行者不能因他個人的喜惡隨意加刑，而違例者亦可計算違例的代價。

基本上，刑罰要處理的是社會道德的問題，而不是私人道德的問題。所謂社會道德，不一定關乎是與非，而是關乎秩序。例如，外圍投注是違法的，但不代表在賽馬會投注是一件合乎道德的事。由此便可推論出，合法的事不一定合乎道德。但最令人擔心的，不是道德與法例的關係，而是法例對私人道德範疇的侵佔或管理。坦白說，對於人懂得運用自己的自由，我並不樂觀，但對於由國家或社會來管理人的自由，我更悲觀。

我依舊站在那裏，注視手上的月餅和牆上的海報。

富有者與貧窮人

從最近政府公佈的數據看來，香港貧富懸殊的情況日趨嚴重，低收入人士生活也更艱難。事實上，這情況並不是近幾年才發生。只是香港社會漠視貧窮人，又加上他們多是沉默的一羣，他們就這樣被忽略了。

不同的人試圖解釋香港的貧窮情況，希望藉此能對症下藥，解決貧窮問題。有人認為貧窮的成因跟後工業社會有直接關係。後工業社會擁有「服務性社會」、「資訊社會」、「知識社會」和「網絡社會」的特性。對沒有專業技能、以出賣勞力為主要謀生途徑的低收入人士來說，這些特性顯然對他們極之不利。事實上，他們亦已因欠缺適應和轉變能力而被淘汰。為了幫助低收入人士適應社會的轉變，政府推出再培訓課程，希望那些失業的貧窮人能投入市場、自力更新。然而，再培訓計劃是否可以解決香港的貧窮問題呢？坦白說，即使曾接受再培訓而成功受聘，他們的收入不一定足以維持他們基本的生活開支。就業可以紓緩生活壓力，但卻不一定能改善貧窮人的情況。

又有人相信，當社會的經濟得到持續發展時，低收入人士的生活便會相應得到改善。所以，解決貧窮問題的方法不是改善貧窮人的生活，而是刺激經濟和投資。所以，政府的政策應是製造營商環境，而不是直接改善貧窮人的生活。餅愈來愈大時，即使所佔的比率很小，但分到的也應愈來愈多；當經濟發達時，貧窮人的生活也應自然得著改善。但從貧窮人的經驗來看，他們並不一定可以分享到經濟蓬勃的成果。相反，許多時只是富裕者享受經濟蓬勃帶來的成果，而貧窮人卻仍舊貧窮。

或許，基本上，以上解決貧窮問題的方法都弄錯了。因為這些看法的思考模式都圍繞著，並針對著貧窮，一點也沒有提及富有者的責任。我不是要提出富有者之富有是來自對貧窮人的欺壓，而是富有者不能漠視他們對貧窮人的責任。責任來自我們是同一個羣體；責任是因我們的一切都是來自上主。社會主義的不足是因他們將矛頭指向富有者，而資本主義的錯失卻是將矛頭指向貧窮者。究竟到甚麼時候，我們才願意擺脱這兩極的看法呢？

六四

六四紀念活動終於過去了。有很多人懷疑這類活動的成效，因為我們發現參加燭光紀念晚會的人數一年比一年少。甚至連司徒華先生亦承認香港人已日漸淡忘六四事件。又有人不斷提議，我們要走出六四的情意結，才可以建設中國。這些觀察和建議都是很值得我們深思的。然而，這跟舉行六四燭光紀念晚會又有甚麼關係呢？是否因為參加人數少，我們就不辦紀念會？舉辦六四燭光晚會又是否會妨礙積極參與建設中國？

或許，以上的思辨方式都弄錯了六四燭光紀念晚會的真義。這個紀念集會不牽涉包袱，只關乎道義。因為在國內仍有人因六四的緣故被監察、被孤立、被政府關在監獄裏；在國外亦有人因六四的緣故有家歸不得，有國不能返。究竟是誰不願意放下六四的包袱呢？說要放下六四包袱的人太天真了，他們顛倒了受害者與壓迫者的關係，以為這樣便可心安理得地活下去。六四燭光紀念晚會是一個關乎道義的活動，因為我不能忘記在一九八九年的夏天，我為中國的學生和民主自由而上街。我不但不能背叛我的記憶，更不能忘記與我一起高呼的同志。他們的際遇不但沒有把我嚇怕，更令我對他們添上一份不能缺少的道義。忘記這份道義，就是背叛我的人格。

關乎道義，是因為為此而受苦至死的人向我申訴。申訴不牽涉報仇，只關乎公道。要為死者討回公道似乎有點多餘，因為死者已死，他們不會因此而感到公道的甘甜。但公道是給歷史、給現代的人、給死者家屬的。討回公道的目的不是要令對方丟臉，而是不相信這世界可以沒有公道可言。為此，道義迫使我們重提這段歷史，重溫其中可怕的片段。

薪火相傳不是要替下一代洗腦，或迫使他們承受他們不應承受的歷史包袱，而是教導他們做個有道義的人，為坐牢和死去的人討回公道。我們需要學習去愛和欣賞我們的國家，但我們不能因此而顛倒黑白。因為國家所需要的，不只是經濟發展和穩定，更是有道義的國民。

公民道德

早陣子，我有機會到國家首都參加兩年一度的公民道德研討會。在研討會中，我對很多國內大學已先後成立道德研究所表示欣賞。此外，我亦很佩服與會教育工作者的投入和真誠。然而，對他們大部分人堅持的儒學為本公民道德觀，我卻有些保留。我並非不尊重儒學，也不是對儒學能提升人格的看法有任何懷疑，我想提出的是我們應如何理解「公民」一詞。

「公民」一詞不是中國傳統的詞彙，而是西方傳統的詞彙。它有兩個歷史淵源。第一，是古希臘的傳統。簡單來説，按亞里士多德使用「公民」一詞所指涉的意義來説，它是指那些共同參與塑造個人和社會美善的自由人。第二，是自由主義的傳統。「公民」的概念是從體現民主、民享、民治而來的。所以，我們談到「公民」時，便不應忘記西方傳統賦予它的基本精神。

西方自由主義傳統常被批評為個人主義的溫床。那麼，東西方的觀點如何彼此配搭呢？

第一，公民的確立是藉著直接參與社會政治而來的。然而，參與不僅是投票，而是藉著不同層面的參與，公民體驗他們才是社會的主體，政府只是人民選出來的代表。換句話說，公民有權選擇他們的政府。因此，公民參與社會的內容就不是由政府決定；相反，是他們的參與決定政府的施政方向。只強調公民對社會的責任與義務，而不談公民的權利，是偏袒統治者的公民觀。嚴格來說，這是臣民，而不是公民；是順民政治，而不是公民政治。這亦是我對儒學為本的公民道德觀有所保留的原因。

第二，當我們強調公民的主體性時，我們有需要培育個人的道德，以致我們不是只為個人利益而存在，而是為了社會（人類）整體的美好而存在。這是東方儒家的遺產。在此，我特別認同培育憐憫這種美德的重要性。例如，當我們的社會有數十萬人面對生活的困境時，作為社會公民的我們應有一份憐憫，與他們分享。除了個人層面的捐輸外，因著憐憫，我們也甘心樂意地要求社會整體因應貧窮人的處境而作出合理的資源分配，而不會因個人私利而心有不甘。

參與慶祝國慶

今年國慶適逢四年一度的奧運，我相信總有些運動員希望摘取獎牌來慶祝國慶，回報國家，為國爭光。然而，沒有機會參加奧運的我們又可以拿甚麼來慶祝國慶呢？或許，更基本的關注是：我們的國家需要怎樣的公民來參與慶祝活動呢？

我們的國家需要那些願意與民族並肩作戰、共度難關的人來慶祝國慶，因為他們的堅毅和勇氣才是慶祝的主體。這些人是誰呢？或許，我們會聯想到一些民族英雄、國家領袖，但他們畢竟是少數。再者，他們不等於國家。容許我大膽地說，國慶的主體就是老百姓，就是那些決心願意留下來的小市民；那些為生活努力不懈地工作的人；那些專心培育孩子成長的父母和老師。沒有他們，何以有國？沒有他們，還有甚麼可以慶祝？國慶是他們的日子，他們是國慶的主角。國慶那天，不要讓老百姓的主角身分被位高權重的人奪去。

因老百姓才是慶祝的主體，國慶活動就不應展示飛機大炮。因為強大的軍事力量並不是答謝老百姓的

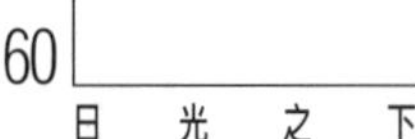

最佳禮物。再者，軍備只會引起老百姓的憤怒——軍事開支佔用了太多社會資源，但事實上卻沒有這樣的需要。對老百姓來說，他們會渴望政府拿出改善民生、民主和廉潔的政績來慶祝。沒有改善民生，只有歌舞升平，是對老百姓不誠實；沒有廉潔的官員，煙花滙演只是對老百姓的不尊重。

我們又應抱甚麼態度和心情來慶祝呢？有人以破口大罵、示威等方式來表達。這又何妨呢？若沒有愛，豈會有恨？沒有要求，豈有不滿？他們所選擇的方式無損他們對老百姓的承擔。有人以參加國慶酒會舉杯慶祝。這又何妨呢？因為受託的政府總需要做一點外交和宣傳。然而，我總相信有很多人選擇與「周公」傾訴、出外度假、麻雀耍樂、參加宗教培靈會等。這又何妨呢？請不要隨便拿出民族大義來批評這些人。因為國慶是他們的日子，他們有自由選擇慶祝的方式。

至於我……

問心無愧

近期黃河生事件*使人對政府高官懷有不滿。不滿的原因，不單是他的工作態度差劣，更因為他常將「問心無愧」掛在口邊。當然，對他來說，這份問心無愧的感覺可能是真的，但對羣眾來說，他的問心無愧就是一種死不悔改、沒有悔意的驕橫態度。我們的社會為何對「問心無愧」有這樣極端的理解呢？

問心無愧背後暗示著道德的最後準繩就是憑良心。尤其當一切社會道德標準和律法都不能為當事人討回他所認為的公道時，問心無愧就是當事人對自己所做的事的一種肯定，並對那控訴自己的人提出抗議。然而，誰決定這心是無愧的呢？對教徒來說，是上主；對沒有宗教信仰的人來說，是天理或其所代表的道德律。這樣說來，問心無愧就不是以自己作為準則的一種自辯，而是有一定的客觀參考點的。當然，這所謂的客觀參考點是否得到廣泛的認同又是另一回事，但這客觀參考點的存在，卻能否定一切指控當事人自圓其說的可能。

話說回來，我們討厭高官所說的問心無愧，因為他們以此來否定客觀的事實。當然，我承認其中有好心做壞事的可能，但我沒有辦法接受以出於好心為理由，來淡化或不計較所做的壞事。若是如此，這只是當事人一廂情願的想法。例如在一年多前，印尼政府曾命令開槍殺害學生。它可以說：「為了社會的安定，我對於這行動是問心無愧的。」印尼政府的行動可能真是出於好的動機，但問心無愧絕不能把不義的行動變得合理。事實上，我們的社會要看的，不但是個人的動機，更是他的行為。我這樣分析，不是要將行動獨立於動機，而是要提出動機不能把不義的行為變得合理。

問心無愧不應是一個用來維護自己的擋箭牌，而應該是一個叫當事人反省自己行為的要求。再者，問心無愧不代表我們不需要為自己所作的事道歉（不論這是出於好心做壞事或是無心之失）。我們道歉是因為我們應說出真話和認錯。

*黃河生為前稅務局長，因被發現沒有就他與妻子開設的稅務顧問公司向政府申報利益，而被要求提早退休，然而，當事人仍堅稱自己沒有犯錯。

遺憾

簡單來說，因著種種因素而沒有做應做的事情（或做了不應做的事情），而為到所帶來的結果感到無奈，這份為自己和別人不值或歉意的感受，便是遺憾。例如，我們做父母的，應有一份與我們的孩子一起成長的責任，但因著工作繁忙等原因，我們不自覺地雙手將孩子交給了傭工。有一天，當我們發現自己的孩子身心靈都遍體鱗傷時，我們會很內疚，也為著自己昔日的選擇而感到遺憾，而一切的補救都沒有用了。

生命本身就有限制，人生又豈能盡如人意呢？所以，有人提出只要凡事盡心盡力去做，我們就沒有需要為所做的一切而遺憾。要求一個有限的生命實現一個無限的理想是吹毛求疵的。遺憾是對生命不認識和不接納的結果。它只會帶來罪疚，沒有一點積極的意義。所以，我們要學習對所做的事永不言悔。

但遺憾真的只是負面的嗎？遺憾之所以出現，是基於我們還有思想、道德、回憶和感受。道德不僅是一個對是與非的考慮，更是一種追求真善美的態度。正因有這樣的追求和判斷的能力（思想），我們才可以比較和檢視自己不同時段的生活選擇（回憶），以致我們對往日的錯誤不掩飾、不虛偽（感受）。這樣，遺憾不單是內省的過程，更是對自己曾參與的歷史負責。然而，遺憾又豈只是一種感受呢？遺憾更牽涉無法補償的無奈。這不等於遺憾者可以理直氣強壯地推卸一切責任。若當事人真的為所做的事而遺憾的話，他會因此在其能力範圍內，儘量彌補自己的錯失。

然而，今天我們的社會卻出現兩種蔑視遺憾的人。第一種是對自己所做的一切沒有一點遺憾的人。他們就是日本軍國主義的支持者。第二種就是以遺憾為擋箭牌、拒絕負責任和承擔後果的人。這就是我們特區政府的高級公務員。對於他們，我們可以說甚麼呢？遺憾就是我們的回應。

專業操守

早陣子，我們正為著成立「報業評議會」這建議有不同的討論。當傳媒本身以較負面的態度來看待它時，奇怪的是，民意卻似乎傾向贊同成立這機制。新聞工作者立即回應：市民是否明白甚麼是「報業評議會」和言論自由呢？他們的提問不無道理，但市民所關心的不僅是言論自由，更是傳媒對色情與暴力的渲染。但話說回來，當市民似乎不是站在自己那邊時，我們總有些辦法解釋它，以致我們可以用民意來反民意。結果，民意變成政治籌碼，大家都似乎很尊重它，另一方面卻肆意玩弄它。（明顯的例子是，一九九九年年初時，政府與內地有居港權人士的爭論。）*

報業界除了對官方建議由政府委任「報業評議會」成員的安排表示極度憂心外，他們更批評諮詢過程沒有讓新聞工作者參與。這正是外行領導內行，亦是對他們專業的一種蔑視。坦白說，我們的社會實在已對專業操守失去信心。打專業牌再不能贏得市民的支持。近期的醫療錯誤使我們對那些所謂專業組織的自律性失去期望。專業自律和業內監管只不過是專業人士的自我防衛機制。到目前為止，我們還未見過專業團體站在市民的利益上，為市民爭取公道。相反，我們只看見他們如何壟斷市場和偏袒自己人。例如，近日一位醫療失誤的醫生（短時間內為一位病人做多次內窺鏡檢查）只需停牌數個月就可了事。此外，關於醫生在做手術時用電話聊天的投訴，到目前為止，我們還未聽見其有關專業團體對他的處分。事實上，我們的不滿豈只是這兩件事呢？當早陣子有律師組織建議同業以不低於三千多元投標為房委會準買主提供法律服務時，專業組織對我們來說就是同業結盟。

所以，當新聞工作者提出以業內自律和加強專業組織等方法，來回應政府的建議時，我卻有點保留。不是因為政府的建議好，而是因為經驗告訴我們，只有業內人士的機制，向來甚少站在市民那邊。

*按基本法和香港終審法庭宣判，在中國內地出生而其父或母為香港合法居民者，他們便有成為香港合法居民的法律地位。但香港政府為了阻止這些人取得居港權，刻意宣揚此事將會帶來的影響；另一方面，又透過各種民意調查來說明他們尋求中央政府釋法的「民意基礎」，目的是要「推翻」香港終審庭的判決。

無知權？

近期，大家都在討論私隱權和知情權的關係。是否每個人所享有的私隱權都是一樣的呢？每個人所享有的私隱權跟他自己在社會上的影響力有沒有關係呢？意即，公眾人物的私隱所獲得的尊重，是否有別於一個普通人的呢？若是如此，理據何在？誰界定哪些是公眾人物？又若知情權和私隱權成立的話，它們會否被濫用？當我們還被這些問題纏繞時，讓我提出另一個權利，就是「無知權」。

簡單來說，「無知權」是指當事人對周遭某些事物保持無知或不認識的權利，以致當事人不會被外在環境或因素強迫他認識某些事物。我的邏輯或許會使大家感到有點困惑。第一，「無知權」似乎暗示當事人沒有選擇的權利。但人之成為人，是因他運用他的自由。所以，「無知權」基本上是不成立的。第二，「無知權」似乎暗示有人強迫當事人認識某些事物，而當事人是不情願的。但人是理性地存有的，所以，他應有能力對他所接收的知識進行批判和分辨。從這角度看來，「無知權」亦不應成立。第三，誰來界定

「無知」的範圍呢？是政府還是當事人？若是前者，這很容易成為在位者對百姓不負責任的藉口。無論在情，還是在理，「無知權」都不成立，為何我還要提出這「無知權」呢？

當然，上述的看法都是正確的。然而，早陣子兩間電視台都在同一時段播同一類型的節目時，我便沒有選擇的餘地，只有無奈地接受他們為我度身訂做的節目。或許，你會說，你有權選擇不看電視。沒錯，但這不等於電視台可以隨意製作他們認為是好的電視節目。否則，電視節目就不需受監管了。又當每天打開報章的娛樂版時，只有「豐豐」故事的專訪，我便被逼看他的真情告白。因為除他以外，別無其他娛樂新聞可供選擇。或許，你會說，你不買這份報紙就可以了。但問題仍然是，這不等於報章對任何事件都可以隨意發揮。這就是我要說的「無知權」，我有權對某些事物保持無知或不認識。

坦白說，成人不一定懂得運用自由和理性。若我們認同聯合國對兒童權利的保障，讓他們可以在一個健康的環境成長，難道成人就不需要嗎？

合法與道德

近期，香港政府正積極研究將「賭波」（球賽博彩）納入法例管制範圍。意即，「賭波」日後將會以更有制度和條理的形式出現。無疑，從消費者的角度來說，這是好的。賭客不會因贏了錢不能走，而莊家亦不能沒有足夠的賠本。

從另一個角度來看，「賭波」合法化並不算是政府鼓吹賭風。因「賭波」已經存在了好一段日子，而且更愈來愈盛行，「賭波」合法化就是一個兩全其美的方法。一方面，政府要向現實低頭；另一方面，玩家要接受政府訂下的遊戲規則。這是雙贏的哲學吧！

然而，反對者認為將「賭波」合法化會有助賭風蔓延。這論點不是毫無道理的。因為對球迷來說，除了欣賞球賽外，他們多了一個選擇：就是賭博。當然，我們可以說，這是個人的問題，但我們不要輕看社會對人的影響！話說回來，究竟我們是否有足夠的數據來支持以上的論點呢？

說到這裏，我對「賭波」合法化始終有點保留。第一，這是對運動員的蔑視，因為他們每人都無理地背負了一個賠率。推前一步來說，若奧運每項比賽都設下賠率時，奧運精神只不過是賭博精神而已。不錯，賠率會使運動員更有拼勁，但這樣的拼勁絕不是體育精神。

第二，社會上已存在很多不同的負面和破壞性活動，例如：賣淫、吸毒等。港府又為何不考慮將它們合法化，以致政府可以更有效控地制性病和愛滋病的傳播呢？或許，愛滋病在香港的蔓延情況還不算太嚴重，所以政府沒有進一步將相關的項目合法化來管理。但更根本的考慮是，政府可以從「賭波」合法化中取利，而不能從管理賣淫活動中得益。試看近期投注賽馬金額減少時，賽馬會隨即降低投注金額、延長投注站開放時間和再度推出「馬標」等救援行動。奇怪的是，政府並沒有歡迎賭風減弱，反而維護賽馬會的做法。這些行動，令人對政府的決策動機產生懷疑。

對政府來說，「賭波」合法化是一個經濟問題，跟她討論道德是多餘的。

受害者

對「受害者」一詞，我們並不陌生。不單我們身邊有各式各樣的受害者，我們本身都經歷過不同的受害經歷。簡單來說，受害者就是無辜者。因此，「受害者」一詞至少有三種隱藏特性：第一，因我是受害者，所以，某程度來說，我不用為我所做的負上全部責任；第二，因我是受害者，所以，我是值得同情和諒解的；第三，我的受害是因外在的人或事迫害我所致，所以，公眾應站在我這邊，一同對抗那迫害者。某程度來說，當有人被定為受害者時，他的受害者身分就成為他的政治本錢。這正是有人努力聲稱自己是受害者的原因。當然，這說法無意漠視真正受害者的痛苦。

勾起我這樣說的，是近日的兩宗新聞。事緣有一市政署人員檢控一位女士隨地拋果皮，傳媒大事報導，說該女士因要照顧小孩，所以才疏忽地掉下果皮，社會輿論直斥市政署人員的不是，認為有關檢控不近人情。最後，拋垃圾的那位成為受害者，得到公眾支持，而她亦以受害者的身分自居。然而，法庭對這事的宣判，卻令公眾發現整件事的受害者其實是那市政署人員，因為他由始至終都被冤枉了。究竟誰是誰非？當然，對那女士來說，法庭的宣判是錯誤的，因為她才是惟一的受害者。而對那市政署人員來說，那位女士卻是位迫害者。

另一則新聞是：一位小學班長拒絕接受同班某位同學以賄賂來換取不被記名，校方得悉這事時，卻因那班長知情不報而革去他班長之職。究竟誰是受害者呢？從校方的角度來看，受害者當然是學校，因為學校有害羣之馬，亦有知情不報的學生。但真正的受害者應該是那位不接受賄賂的班長，因為他不但得不到當得的讚賞，反而因校方的過分要求而犧牲了。

究竟由誰來決定誰是受害者呢？公眾輿論？法庭？良心？還是受害者本身呢？正因「受害者」一詞帶著權力，所以每個人似乎都不願放棄這個表面看來軟弱，但卻隱藏著權力的稱呼。

環境與綠色

地球的生態系統受破壞的情況，已到了一個令人無法容忍的地步，雖然我們還未正式因著生態系統受破壞而要面臨死亡的威脅，但我相信在不久的將來，人類終會承受自己破壞環境的結果。

面對生態系統的破壞，環境理論者認為解決方法在於提出具體補救建議。例如，當我們面對溫室效應的威脅時，解決方法就是減少製造熱力；當某些動物瀕臨絕種時，我們就立法保護牠們；當魚量減少時，我們就要定下休漁期。當然，這一切措施是需要的，但它的不足之處，就是將整個生態系統所遭受的破壞切割為獨立的事件對待。結果我們仍是頭痛醫頭、腳痛醫腳，沒有針對問題的核心。再者，這方法背後的信念是，現時的社會、經濟和政治的生活秩序可以在受破壞的生態系統中找到出路，以致他們認為科技的改良和進步可以改善現時的情況。他們卻忘記了，今天生態系統受到破壞，正是因我們的科技和現時的社會結構所導致的。

相反，綠色理論者認為現今生態系統所遭受的破

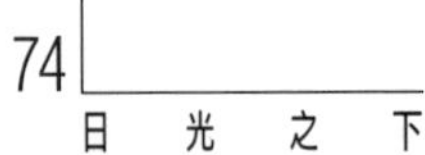

壞只不過是個病徵，問題的核心是當下社會、經濟和政治的生活秩序。意思是，我們不能期望一個擁護資本主義的社會能以生態系統的安危為基本考慮。我們亦不能期望一個缺乏人民參與的政府會聆聽反對政府的聲音。因此，要解決生態系統受破壞的問題時，就非要從一個整全的角度來考慮不可。這正解釋了為何在西方各國有以環保為主要政綱的政黨。或許，綠色理論總給人一點激進和不切實際的感覺。事實上，若以綠色理論治國，我們無法預測我們的社會將會變成怎樣。

不論我們採納環境理論還是綠色理論，我們總要承認一個事實，就是今天的一切決策都必須考慮到它對生態系統構成的影響。我們斷不能只談公義，而不顧生態系統所遭受的破壞。例如，當我們要攪基建和刺激消費來提高就業率時，我們有否衡量這一切對生態系統的破壞呢？人與自然的相處永遠是個不容易解開的結。

公平

當眾人都嚷著要爭取公平時，我們如何衡量怎樣才是公平呢？對某些人來說，公平就是平等。平等是不同的人不會因性別、宗教、地位等差異而受到不同的看待。換句話說，平等所要求的就是一視同仁。當中所關注的，不是每個人的條件是否一樣，而是他們的待遇是否因他們的不同而有所分別。「天子犯法與庶民同罪」便是其中一個例子。（當然，事實是否如此又是另一回事。）以平等來看公平是正確的；否則，我們的社會便會成為有權勢者的社會。平等是要保障社會中那些貧窮和弱小的羣體，好使他們的權利不會被侵犯。然而，當過分著意平等時，我們可能會走向鼓吹「用者自付」的哲學。結果富足者沒有了照顧貧窮人的責任，貧窮人便成為了爭取平等的犧牲者。又當平等推得太遠時，我們似乎忽略了人與人之間的不同。若男要做女的工作，或女要做男的工作，才謂之平等的話，平等就成為「一樣」的代名詞，個別性亦隨之失去。

公平不能沒有平等，但公平不能只有平等，公平中需包括公義。公義不但關乎對與錯，更是為著那些受害者爭取合理的對待。在個人層面來看，維護受害者的利益是較容易掌握和認同的理念，但在社會層面來看，問題就變得複雜。例如，在一個父權當道和「女子無才便是德」的社會中，支持和優待女性多一點是公義還是不公平呢？在一個國家裏，某些羣眾（例如美國的黑人）長期受到歧視和欺壓，縱使他們大學入學試的成績可能與別人一樣，但他們應否獲得額外的優待呢？這又是否不公平呢？若按公平就是平等的原則，這些做法無疑是不平等、是歧視。但我們的社會似乎不忍心讓這些缺乏考慮公義問題的平等原則繼續存在，因為有些人正間接因歷史或社會風氣的影響而承受不平等對待，優待他們不是對別人不公平，而是對公義的執著。這是所謂的正面歧視（positive discrimination）。

政治污穢

時常聽人說政治是污穢的，都是少參與為妙。我始終都不明白這句話背後的道理，因為我覺得現在的政治比以往清明得多。直到立法局討論廢除臨時市政局和臨時區域市政局（簡稱「殺局」）一事時，我才開始漸漸明白政治是污穢的意思。

政治是污穢的，因為它不講理，並且橫蠻無理。沒錯，每次立法局會議都會就不同的議題辯論和投票。但坦白說，不論某議員的論點如何有說服力，其他議員都不會改變他們起初的決定。反過來說，即使他提出如何荒謬的理據，亦不會改變他的同黨對他的支持。基本上，以理服人不是政治的文化。奇怪的是，大家總扮著講理，甚至不計較通宵辯論。或許，所講的理，只不過是自己的理，而不是別人的理。

政治是污穢的，因為它集光明與黑暗於一身。以民建聯這政黨為例。它起初選擇反對「殺局」。當然，支持「殺局」與否不是一個道德的問題。但我們始終沒有智慧去明白，它為何不在條例二讀時就反對。那麼，「殺局」就不會成功。它卻奇怪地選擇支持通過二讀，而到三讀時，它才提出反對。或許，民建聯是最有君子風度的政黨，不會「趁你病，取你命」，要公平決鬥。又或許民建聯是個機會主義者，不會開罪任何一方。

政治是污穢的，因為它以黨為效忠的對象，而不是人民。這樣說，絕不是要使人民與政黨對立，而是在政治層面上，我只看見有政黨背景的議員如何無奈地跟隨黨的議決，放棄面對自己的良心和人民。沒錯，政黨的出現是因彼此分享著相同的政見，所以大家一同爭取政權，並將理念實踐出來；但難道每個黨員對問題的理解都沒有差距嗎？為著黨的團結，有議員背著良心跟隨黨的決定；有議員忠於自己的內心但又懼怕，最後在投票時，選擇離席和失蹤。為人民服務變成為黨服務。

似乎政治真的無法乾淨，但我總希望它不會污穢到極點。

政治正確

在一般傳統英語的用法中，man是指人類。但自婦女意識抬頭，我們就比以往更留意那些帶有性別主義的用語。例如，我們會選擇以human代替man，chairperson代替chairman。表面看來，選擇較「中立」或「中性」的用語，只是用語習慣的改變，但事實並非如此。這改變亦是出於政治正確（political correct）的考慮。我們日常的用語本身已含有某種立場，而這立場本身又帶有一定程度的政治取向。政治正確就是要看這些帶有立場的用語是否符合或認同當時主流社會的處境和態度。意即，人們必須考慮詞語所帶有的立場，當他使用這詞語時，附帶的立場是否會使他落在一個不利的環境。例如，堅持用chairman來描述主席一職的，不但可能代表他們懷有大男人主義，更是漠視和挑釁女性的地位。最後，他只會惹來某些的人的不滿，甚至被排斥。然而，正確絕非一個真理的考慮，而是政治的考慮。

當然，以上的說法無意否定那些不帶性別立場的詞語，它們本身亦有其積極性，但我們亦不能漠視所謂政治正確的用語，其本身已帶有的價值取向。這不只是選擇用語的問題。例如，最近英國政府提出以「同伴」（partner）取締丈夫（husband）和妻子（wife）這兩個慣用的詞語。意思是，日後在個人資料一欄上，我們由填寫丈夫或妻子的名字，而轉為填寫同伴的名字。英國政府的建議，顯然是針對英國家庭結構改變而提出的。（例如，同居與同性關係日趨普遍。）表面看來，這樣的轉變似乎代表一種多元和開放的態度。這正切合現代社會的轉變。況且，這做法更表示政府的中立與不帶任何價值批判。然而，所謂的中立，不過代表另一種價值。政府的政策不只要反映社會現況，更是要維護社會價值。後者不一定牽涉政府對個體自由的操控，只是政府本身的價值絕不可能是中立的。當然，到最後我們還是要問：傳統家庭的模式是否我們的社會應要堅持的社會價值呢？

信任

於我來說，人與人相處最基本的條件是信任。信任就是相信對方所說、所做的都是出於真誠，沒有虛假或隱藏的動機。試想，當我們到市場買有機種植的蔬菜時，我們就是相信售賣者的說話和蔬菜上的標籤，我們才會購買那些蔬菜。當然，我們可以懷疑這些說話和標籤的真實性，但到最後，我們仍離不開以信任作為交易的考慮因素。當我們到銀行辦理存款手續時，我們就是信任銀行的職員會根據我們的指示處理那筆款項，相信他不會欺騙我們。當然，曾有個別的銀行職員利用雇客對他們的信任而中飽私囊，但最後，若我們仍選擇將款項存入銀行，那我們仍離不開對銀行監管的信任。

事實上，合約的出現不一定代表彼此不信任，才需要白紙黑字的憑據。信任不排除用任何方法向對方表明自己是一個值得信任的人。所以，簽婚約不代表雙方缺乏信任，反而是顯示出他們對承諾的認真。當然，人不是完美的，而是自私的，以致我們在人際關係上經歷過不同程度的欺騙。但我們不應因此說我們不需要信任別人，因為我們不可能做一個徹底的懷疑論者。我們是靠信任過每一天的。因此，在一個不尊重誠信的社會裏，我們仍舊堅信信任的寶貴。因為這是人類社會最基本的基礎。沒有誠信的社會，只會帶來滅亡。

然而，近期有兩個經歷，使我感到氣憤與可惜。第一，是我在印度的經歷。為你指示方向的人不是出於好心，而是為了你的「打賞」。主動為你介紹歷史文物的人，不是出於他們對歷史的自豪，而是為了你的金錢。甚至導遊也不例外，他們的服務不是出於對專業的尊重，而是為了小費。我實在討厭這種人際關係，因為人與人之間似乎只有利益，沒有友誼可言。

第二個經歷，是我對議員誠信的體會。就路祥安事件*來說，我對陳婉嫻議員特別失望。因為我信任她是個有誠信的人，但她的表現卻使我對她失去信任。誠信比黨的路線來得寶貴。為何李鵬飛先生落選後反而得民心呢？不單是因為他投市民所好，更因為他可以說心底話，以誠信示人。

*香港大學新聞及傳媒中心民意研究計劃主任鍾庭耀撰文披露特區首長曾透過某些管道向他傳話，説學術界不宜就特首及港府的表現進行調查，還建議他停止有關工作。事件被視為干預學術自由，涉及多位中間人，包括特首辦高級特別助理路祥安、港大校長鄭耀中及副校長黃紹倫等。

價值中立

有一次，我跟一些人討論有關嬰孩受洗的問題。他們不接受嬰孩洗禮，卻接受嬰孩奉獻禮。他們的論點是嬰孩洗禮沒有足夠的聖經支持，再加上信仰是自由選擇的，所以父母不應代孩子選擇受洗，應留待孩子們長大後由他自己來選擇。

我不打算在此討論受洗的聖經基礎或神學意義。然而，那些相信不給嬰孩受洗就等同尊重他們信仰自由的人，似乎假設有價值中立這一回事。但他們忘記了，選擇不給嬰孩受洗已是一種價值取向！可笑的是，這種帶有價值取向的選擇卻被看為中立。更諷刺的是，這些父母刻意地為孩子選擇學校、朋友、衣服等，但卻偏偏只說要讓孩子有宗教自由。他們究竟是尊重宗教自由，還是鄙視宗教的重要性呢？

或許，基本上，事物本身就不存在價值中立，因為一切事物都要經過被詮釋和描述的過程。這過程已離不開閱讀者的價值傾向。價值中立可能是一個虛構的神話，而不是我們要追求和高舉的價值。以上的看法會否導致相對主義呢？既然彼此都存著偏見，那豈不是沒有人能批評別人的觀點嗎？沒有價值中立並不一定等同相對主義；相反，這種說法要否定任何一種絕對主義。因為每個立場和觀點都有其本身的價值取向，所以「批判」就成為非價值中立者的基本態度。因此，批判別人不是基於我對事物的認識比你「更中立」或對「真理」有更多的掌握，而是因為你的論點只維護某些人的利益，或是你將你的論點絕對和普遍化。這樣，縱使沒有價值中立的可能，但也不等於我們每個人所說的都可以成立。

例如，早陣子，當香港特區政府公佈若有一百六十七萬名內地有居港權人士（按香港終審庭的判決）對香港社會的影響時，我們不應毫無保留地接受政府的報告；不是因為它的統計數字錯誤，而是因為它有其價值取向。*

*詳見本書頁67註釋。

暴力

一般來說，暴力所針對的是身體。因為身體是可見和可觸摸的具體物質，所以較容易獲得客觀的評估。例如，當我被控虐待孩子時，孩子的身體和健康評估，便會使我所施行的暴力無所遁形。然而，當我們常說人是一個身體與心靈的整體時，暴力所侵犯的就不只是身體了。所謂「不只」，不單因身體所受的暴力會導致心靈的傷害，更因心靈可以直接被暴力侵犯。心靈有別於身體，所以心靈暴力並不是以拳頭或武器來殘害對方，而多以言語形式來進行。但因沒有客觀的量度標準，以致使用暴力者很容易逍遙法外。

若暴力不一定牽涉侵犯別人的身體時，我們便有需要為暴力下一個較闊的定義。暴力就是嘗試以不講理的方式侵犯對方應有的自主和尊嚴，以求達成個人的心願。用廣東話來說，暴力就是「夾硬嚟」（強行）。當然，行使暴力者不一定因「夾硬黎」就可以如願以償，但當暴力結連權力（尤其是合法的權力）時，暴力就換上一套新裝，稱為「依法辦事」。正因這種暴力不針對身體，受害者變成啞子吃黃蓮；又因這種暴力以合法方式出現，受害者更投訴無門。他們只有無奈地接受法律的宣判。

暴力的可怕絕不只是它對身體帶來的傷害。我們的社會早已辨識這種暴力，並毫無保留地抗拒它。我們痛恨「扑頭賊」（打傷別人頭部以便搶劫的賊匪），也絕不寬容性侵犯者。暴力的可怕，是它會扮作光明之子，使我們顛倒是非，失去辨別的能力。

六十年代開始，南非政府實行種族隔離政策，並以聖經和人類學來支持他們的政策，部分白人漸漸認同種族隔離政策的合理性和公義。最後，他們反認為黑人爭取民主和公義的一切行動都是擾亂公眾秩序；所有支持他們行動的人都是社會的滋事分子。幸好，數十年的歷史終證明種族隔離政策的荒謬。但到何時何日，歷史才給遭遇同樣命運的人取回公道呢？

沒有出路的社運

若我們希望我們所策劃的社會運動能改變當權者的政策，我們就不能不考慮動員羣眾，使他們產生共鳴，以致整個社會運動不只代表個別羣體的聲音，更是人民的聲音。當然，當權者不一定會因此就範。他可以使用各種暴力來維護其霸權。但當他如此行時，便會失去其「合法性」了。

然而，我們知道，不是所有社會運動的訴求都能引起公眾的共鳴。在某個層面來説，沒有羣眾支持的社會運動多是失敗而回的，但這絕不等於它的訴求是錯誤或多餘。因為人總是自私自利，當他們對訴求的事情沒有切膚之痛時，他們就「話知你」（不理會）。話雖如此，社會運動的策劃者總相信人有良知和理性，所以他們並不會輕易放棄沒有羣眾支持的社會運動。

港人內地親屬爭取居港權的社會運動便是一個典型的例子。不同的民間組織對是次運動有不同層面的支持，但這運動卻偏偏得不到羣眾的支持。例如，近日警方企圖以違反公安條例（有關集會方面）為理由，控告那些抗議人大釋法之學生。*公眾似乎對警方的做法不聞不問，反而批評學生多管閒事和浪費時間。在這種與民意相違的處境下，社會運動不但沒有出路，反而被指為害羣之馬。甘浩望神父無辜地負上入境處職員梁錦光先生之死的責任，就是一個例子。**

坦白說，若這次社會運動是為了改變政府的政策，我是悲觀的。不是因梁錦光先生之死激發民憤，所以我才認為爭取居港權的前景悲觀，而是從最初，民意已不是站在爭取居港權人士的那一邊。當然，悲觀者不等於坐以待斃，而是在不利的處境下，仍希望公義會彰顯。但因這運動的前景是悲觀的，所以策劃者就不能過分天真地相信可以在有生之年看見爭取的成果。相反，策劃者需要考慮以各種不同形式，來培育這一代和下一代對權利、團聚和親情的認識和認同。這是一條漫長的路。但倘若人對事物的理解不改變的話，我不相信這類與民意背道而馳的社會運動會有成果。

*詳見本書頁95註釋。

**一批聲稱擁有居港權的內地人士，在申請居港權不得要領後，於九九年八月二日帶備多樽易燃物料到灣仔入境處總部要求即時取得身分證，要求被拒後燃點易燃物料導致火警。梁錦光先生為事件中其中一名死者，而甘浩望神父則因向來致力協助人大釋法中失去居港權的內地人士，而被要求為此次事件負責。

多元化的社會

我總覺得香港的社會似乎很單一，沒有甚麼多元性。正因缺乏多元的特性，我們的社會變得沒有生氣，沒有動力。這亦是為何「跟風」是香港社會的特色之一。每當一件事物流行起來時，我們發現滿街都賣一樣的東西。食品如是、玩具如是、電影如是、學校也如是。這是因為我們缺乏創意？還是因政治的不多元性所導致的呢？

對我來說，支持社會多元化不是因為道德的需要，也不是因為真理的必須，而是因為對美的嚮往。多元化的社會不但讓我看見一幅多姿多彩的生活互動圖畫，它更讓我感到生活的多層和多向度性，以致我能自由地拼出一幅屬於我的生活圖畫。

事實上，貫徹多元化的理念是要付代價的。因著與主流的不同，堅持多元者要為自己的做法承擔被邊緣化的結果，或承受沉重的經濟壓力。坦白說，有多少個教育團體願意以非主流的做法來辦學呢？幼稚園如是、中小學如是、大學也如是。我暫時還未看見香港同類型學校有甚麼不同：小學生都是努力地做學能測驗練習；大學仍是被大學撥款委員會牽著鼻子走。當然，有些教育團體不甘於被社會主流所劃一，而堅持不融入主流。諷刺的是，他們的成功不一定代表社會走向多元化，因為他們的存在可能只為某一階層的人服務，是某一種身分的象徵。這樣，他們的存在仍不能建構出一個多元的社會。不但因為他們的服務並不普及，更因為他們未能對主流發出可見的挑戰。

要使我們的社會邁向多元化，我們需要有足夠的空間讓不同的可以生存。構成這些空間的重要元素，是人的素質和社會的胸襟。人的素質離不開人的創意和對理想的堅持，而社會的胸襟則關乎其政治和文化的開放程度。

或許，我對多元社會的擁抱是過分樂觀，甚至忽略它可能產生的破壞，但多元本身不必然代表相對和放任。因為多元不是一個目的，多元的真正目的，是追求美善。

講述

不同的人和羣體都有他們對事物的不同講述。這正是我們需要多些對話和溝通的原因，我們不但可以透過溝通來明白對方的觀點與立場，更可豐富和檢視自己講述的內容。一個健康的環境，應該是一個容許不同講述存在和交流的地方。但當某一個講述與權力（政治、經濟、社會、文化或宗教）連繫時，其他講述會隨即被輕看、忽視，甚至被否定。但問題是，這個主導的講述不一定是真理，它亦可以是指鹿為馬的謬論。尤其當某個講述因權力而成為惟一的講述時，整個社會就變得無可選擇地以它的價值取向來決定和評定社會的生活形態；人類社會不但失去多元性，批判和反省的能力亦會減弱。當然，人類的超越性使我們可突破惟一講述的框限，以致在最惡劣的環境下，真善美依然可以發揮。

要挑戰主導的講述不是一件容易的事，因為我們的社會已習慣從它的角度評價事物，其他講述都會被視為荒謬、怪異或落伍。當然，這又視乎那挑戰的講述是否以霸權姿態出現。若是的話，這只會加深彼此的對立。事實上，挑戰的講述不一定要透過否定既有的講述才可以建立；否則的話，那挑戰者便會成為另一個惟一的講述，帶著「善意」操縱別人。相反，挑戰的講述可以考慮以另類的生活模式出現，讓人從中感受、嚮往和選擇。

從現實角度出發，這種另類生活模式的講述是緩慢的，甚至其功效亦成疑問。再者，這種做法只會讓那些帶破壞性的主導講述可以繼續合理地存在。當然，我沒有否定我們應該有批判主導講述的勇氣，組織不同的活動，甚至政黨去抗衡現有的單一講述。但因主導的講述是藉著不同形式來表達的，我們就要用不同的形式來回應。提出一個挑戰的講述，又豈只是提出了新的理念呢？講述本身就是一種生活的素質，而挑戰者的成敗，就在於他們所提出的講述是否真實地活在他們的生活中。

上街

「上街」一詞是用來描述人民以遊行、公眾集會等方式來表達他們的聲音和不滿。人民為何要「上街」？可能是一場政治「騷」（Show），用來顯示籌辦組織的力量；可能是一場政治角力，用來迫使對方讓步；也可能是一種博取人民支持的工具。然而，這些原因都不足以解釋為何人民要上街。倘若社會的制度內有足夠的渠道讓不同的人表達他們的聲音，有合理合情的機制來處理人民與政府的矛盾，有真心聆聽並與人民對話的政府，人民便沒有「上街」的需要。因為「上街」並不浪漫，也毫不激情。「上街」只是一種有冤無路訴的無奈表達。

究竟哪個社會制度是完善的呢？哪個政府不弄權呢？哪個政府不是試圖玩弄民意的呢？美國政府如是，中國政府也如是，當然，香港特區政府也不例外。坦白說，要改善這情況並不如我們想像中那麼容易。因為沒有一個政權不貪愛權力，他們總會設法維護本身權力的合法性。因此，我們有需要在法律上保障人民有「上街」的自由。保障的目的不只是維護人民的自由，更是為了監察政府自我膨脹、目中無法的可能傾向。

當政府以妨礙公眾秩序為理由，要求三十人以上的遊行隊伍在七日前向警務署申請時，我就不禁對政府失望。它不但對權力有無止境的慾望，更對自己因權慾產生的腐化毫無醒覺。它肯定不是尊重民主、民權和民享的政府。否則，它怎會為所欲為呢？

維護「上街」者的自由不是要漠視使他人不便的可能性。因此，「上街」者有道義責任預早知會公眾，讓他們預早有相應的安排。政府的工作絕不是令民眾與上街遊行者對立，而是讓各方的自由得到充分實現。

對我來說，應否起訴那數名大學生不是問題的核心。*因為我相信他們日後仍會選擇不向警務署申請而舉行集會。問題的焦點是這條偏袒政權的公安法。安定不是來自沒有人民「上街」，而是從尊重人民而來。

*二〇〇〇年六月二十六日，學聯成員與爭取居港權人士，未經申請便在政府總部外抗議人大釋法一周年，警方使用武力及胡椒噴霧驅趕與會者，後來更按公安條例拘捕十四人，其中包括五名學聯成員。學聯、部分大學教員及昔日學運領袖遊行示威，表示聲援被捕學生；大律師公會曾表示質疑公安條例；亦有立法會議員提出對該條例作出修改。事件擾攘多月後，律政司宣佈不會作出起訴，警方則表示仍會秉公執行公安條例。

國際大都會

每逢香港有任何事件發生時，我們總喜歡拿外地作比較，隨即指出香港的情況並不算太壞。例如，有關公安條例的討論，我們就指出香港比美國很多城市還要寬容！但這樣的比較本身卻犯了一個最基本的毛病，就是我們將公安條例獨立於其所屬的社會來討論，而最後只得出一個抽象的比較。意即，當我們要比較時，我們同時要探討那地方的人對這項條例的態度，政府如何回應他們的訴求、為何他們沒有訴求，政府如何執行等等。不探討這些問題而只作表面的比較是自欺欺人的。

話說回來，拿香港跟外地比較，是因為我們認為香港是一個可以躋身於國際都會中的城市。事實上，董建華先生也先後表示過香港要與倫敦、紐約看齊。在他眼中，國際都會就是具有環境乾淨、空氣清新、資訊發達、科技進步、官員廉潔等特徵的城市。沒錯，這一切是重要的，但卻不足以說明擁有這一切便是一個國際都會。因為「國際」一詞不單關乎水平，更牽涉視野、態度。

視野就是不僅只向所謂的先進城市看，更要認識和了解比我們落後的城市。將貧窮城市的經歷抽離我們認識的範疇以外，只會表現出我們的無知和狹隘。這絕不是邁向國際，而是步入一個自我中心的死胡同裏。

我們應有的態度就是：對國際社會應有更大的責任與承擔。面對貧窮的國家，我們有一份與他們分享財富的責任。面對受戰爭影響的人民，我們有一份譴責暴力的責任。若我們對國際社會的道德責任沒有承擔，我們絕不算是國際都會，而只是一個商業都會。

或許，因為董建華先生是個商人，所以他只可以從商業角度來理解國際都會的意思。當我們的社會以全球化等同國際化，或以商業投資增加等同國際化時，我們卻遠離了國際化。因為國際化是對人類整體社會的承擔，我們不能只留意自己的成就，還要有分享的胸襟，對周遭人的際遇表示關懷與同在。

道德篇

「是與非」豈是惟一的選擇？

「是與非」或「對與錯」是倫理判斷要得出的結論，但它卻不足以解答我們日常生活中碰到的問題。因為現實世界比我們所想像的更複雜和矛盾。意思是，好心可能會做壞事，而壞心腸又可能會帶來好結果。這不是說「是與非」不重要，但它只是我們思考的基礎或起點，卻不一定是終點。然而，這看法卻得不到普遍基督徒的認同。對他們來說，若不以「是與非」作為倫理選擇的最終考慮因素，那個決定就是妥協或出賣信仰。例如，在一九九八年就教會是否參與立法會選舉委員會一事的討論，就是糾纏於這「是與非」的思維方式之內。對反對教會參與者認為，倫理選擇只有「是與非」，沒有其他考慮。

我沒有否定「是與非」作為考慮因素的重要性，但我不認為它是我們量度別人行為的惟一標準。因為現實世界不是黑白分明的。除「是與非」外，我們還要考慮：

第一，他的行為是否可寬恕？寬恕不是否定「是與非」這判斷的存在價值；相反，寬恕已假設了對方的行為是錯誤的，而這錯誤亦不能推卸。當事人絕對有需要為此負責任，但這不等於他沒有被寬恕的可能。

第二，他的行為是否可原諒？原諒暗示當事人的行為是錯誤的，但因為他的背景和際遇實在值得同情和諒解，所以他不用為此負絕大部分責任。可原諒就是要求我們對當事人的行為多作全面的理解，而不是草率地下判斷。

第三，他的行為是否可容忍？容忍所關注的不是該行為是否合乎道德，而是我們（或社會）對於該行為的容忍程度如何。當然，有些行為是社會可容忍的，但它卻不合乎道德。這不道德不足以使該行為即時被否定。（例如，舊約有關對奴隸的看法。）

以上三個問題，不是要為自己的行為找一個合理的藉口；而是對於別人的行為，我們可否抱著多一份體諒和明白？這樣，我們所要的不僅是對「是與非」的認識，更是個人胸襟的開拓。後者比前者應有更多關注和培育。

兩惡擇其輕

「兩惡擇其輕」是基督教現實主義者的倫理思維。首先，他們肯定這世界是不完美的。縱使我們如何努力，我們都沒有可能使它變得完美。所以，問題不是我們是否可以實現理想；而是我們如何在惡中選擇次惡，因為我們的世界基本上是不完美的。選擇次惡是要將可能的傷害減至最低。離婚便是一個明顯的例子。馬丁路德指出，縱使離婚不是上主的心意，但若考慮現實處境後，發現離婚比維持婚姻現況所帶來的傷害較少的話，離婚還是可以接受的。

以上的思想方法很實際和現實，但並非沒有缺點。第一，這看法太快接受了現實世界是不能改變的。但我們如何分辨不能改變和不願意改變呢？第二，這看法假設我們每個人都有相同的量度準則，以致我們可以一致決定甚麼是次惡的選擇。但很多時，這些所謂次惡的選擇只反映了當事人在維護個人喜好和利益，卻沒有讓我們看見相同的量度準則。第三，這看法沒有任何要使這個社會進步的動機。不帶來更大的破壞已是一份祝福。以減少負面影響等同對社會的貢獻是扭曲真理的。

以上的說法沒有任何意思要否定「兩惡擇其輕」的實用價值，因為我們的世界真是不完美。漠視這世界的不完美是自欺。然而，我始終不滿足於這樣的思考。對我來說，我們如何可以一方面肯定這是個不完美的世界，但又不完全向這世界妥協呢？

要回答這個問題，就得在「兩惡擇其輕」的邏輯之下，進一步問在次惡裏如何實現卓越。這跟進的問題不是要美化次惡的選擇，而是次惡的選擇亦不能忽略對善的追求。用離婚的例子來說，它可以是個次惡的選擇，但離婚者不應只滿足於「兩惡擇其輕」，而應在離婚的選擇下繼續追求卓越。這裏的卓越可能是指著跟子女的關係、對待對方的態度等。惡中求善就是要求我們不放棄追求美善。

對立以外

對立似乎是一種很普遍的思想模式。縱使我們知道這世界的事物不一定只有黑與白，但我們總喜歡以對立的模式來劃分這世界。我們既可以藉此知道自己的位置所在，與擁有相同看法的人結盟；亦易於辨認對立的目標，與之對抗。這種敵我對立的世界觀不限於政界和商界，連宗教界也不例外。

當然，以對立的態度來看世界不一定是錯的。因為這個世界真的是有正反兩面。例如，公義的相反是不公義、有愛心的相反是沒有愛心。但我們要留意的是，相反不單是向對立者，它同時亦指向所有與它不同的事物。黑色的相反不一定是白色。它也可以是任何非黑色的顏色。當我們將白色看為「與黑色相反」的惟一答案時，我們可能已將事物過分簡單化了。或許，問題的根本是：除了對立外，我們是否可選擇從其他的角度來看黑白的關係呢？

第一個選擇是以互補的模式來理解黑白的關係。黑與白不一定是勢不兩立的，它們也可以互補彼此的不足。因此，我們就不需要以消滅對方的態度來相待。

試想想我們的社會豈能沒有所謂的「親中派」！否則的話，我們如何與中央溝通呢？我們的社會又豈能沒有「逢中必反」的民主派，以免我們的社會變成「一言堂」呢？互補的模式不是要淡化彼此的不同或漠視真理的絕對性，而是要強調沒有人或理論是絕對的真理。

第二個選擇是以弔詭的模式來理解黑白的關係。意思是，在雙方對照的矛盾中，將隱藏的真理呈現出來，而這真理是超越矛盾本身的關注的。例如，馬丁路德曾說：「我是罪人，同時也是義人。」邏輯上，這句話是矛盾的。因為義人與罪人不可能並存。弔詭的模式就是不將自己限制於討論哪個（義人還是罪人）詮釋更準確，而是從中體會上主的恩典。這模式沒有否定事物本身的對立，但對立並不是終極，而是從中體會隱藏的真理。

互補與弔詭不是一種息事寧人的態度，而是絕不輕易把對方看為敵人。

T的類型

每當我們在同一個問題上出現爭議時，有人為求爭議雙方能彼此體諒，提出一個大楷T（Truth）和小楷t（truth）的觀點。大楷T代表惟一真理，而小楷t則是真理。因沒有一個人可宣稱自己所持有的是大楷T，所以，我們各人不應看自己比別人強。對於這大楷T和小楷t的理論，我們有點保留，因為這很容易墮入相對主義中。對我來說，問題的焦點不在於大楷與小楷的分別，而是我們對t（不論大楷還是小楷）有不同的用法。

第一，有人認為t是絕對的原則。這原則是不變的，而我們的責任就是將真理應用出來。對持這論點者來說，他們不但認識真理，更對真理的應用有充分的掌握。相對來說，那些不認同他們對真理的理解的人，都是遠離真理的。

第二，有人認為t是一套遊戲的規則，而每個遊戲都有其獨有的規則。所以，問題的焦點是你正在玩哪一個遊戲。用A遊戲的規則來解釋B遊戲是錯誤的，因為他們各有自己的規則。這樣，真理就是由所玩的遊戲來界定的具體規則，而不是一個抽象的原則。當然，在同一個遊戲中，參加者會有不同的意見，但他們皆要以這個遊戲規則來處理彼此的不同。

第三，有人認為t是關乎策略的原則。所謂策略，就是不強調真理的不變，而著重靈活、對處境的認識和效益。所以，原則不是不可以改變的，因為策略就是原則。對某些人來說，這樣的做法可能會帶有投機的意味，但從策略的原則來看，這並無不妥。

第四，有人認為傳統就是真理，所以t就是對傳統的堅持。明顯的例子是，古時的人認為貞節是真理，以致寡婦不可再嫁，否則，她們會受人非議。事實上，教會對傳統的重視，豈不是同樣以傳統等於真理嗎？

以上的討論不是要說明哪個解釋最好，而是要讓我們知道，我們所說的原則是甚麼原則，而我們又是否明白別人對原則的用法。

有原則的人

有原則是一種美德。有原則者不會看風使舵、見利忘義，他更會持守和高舉真理。以上對有原則者的描述，似乎已暗示「有原則」一詞不是指沒加考慮地持守一切原則；相反，他只堅持某些原則。所以，那些以隨意「轉軚」（改變立場）為原則的人，不會被視為有原則。

然而，以上對「有原則」一詞的理解不一定是正確的。尤其當「有原則」一詞的內容是由羣眾所決定時，那曾被認為有原則的人，往往會因恐怕被擁護者批評和放棄，而變得只懂附和擁護者的原則，因此失去了自己原有的原則。或許，有原則者需要清醒地分辨出他所持守的原則與羣眾的原則有何差異。以羣眾的原則取代個人的原則是可悲的，因為他只是一件工具，但卻被捧為一個有原則的人。當然，我們沒有需要將個人與羣體對立，但忽視羣體對個體的操控或將個體抽離於羣體，都是一種危險。

記得在三年前，有教會人士提議籌辦國慶崇拜。當信徒強烈批評這項建議時，起初的建議者隨即「轉軌」，退出籌辦，而退出者都是教會中有名望的牧者。究竟他們是反悔，還是為了返回羣眾所認定的原則，而放下自己的原則呢？（當然，以上的評論是假設籌辦國慶崇拜不是一件錯事。）又例如，當一九九七年政府以臨時立法會（下簡稱「臨立會」）取締立法會時，有議員在港英政府期間曾聲明不會加入臨立會，但最後他們卻又加入了（如黃宏發）。究竟是這些議員的做法代表他們沒有原則，還是他們寧願承受選民對他們的摒棄，也要堅持「加入臨立會」這個「重要的原則」呢？

要評論一個人是否有原則，不應只看他對某一事件的回應態度是否言行一致，更應考慮其動機。因為一個行動可能有多個動機，而一個動機又有多個不同行動的可能。若「有原則」是跟個人動機分不開的話，要理解一個人的動機又談何容易呢！

泛道德主義

有人說，中國人是泛道德主義者。意思是，中國人往往連一些個人的生活方式，都要為它賦予道德意義。例如，在香港，吸煙不會被視為個人的生活選擇，而是與壞行為和不良品格扯上關係的行為。尤其是女性吸煙者，她們所承受的道德批判比男性吸煙者更多。泛道德主義就是將「非道德義務或價值判斷」轉為「道德義務或價值判斷」。最後，我們就將一些純個人的喜好和信念變為道德規範，去量度或判斷別人的行為是否合乎道德。對我來說，泛道德主義的危險是它藉著道德對個體的監管，縮窄個體的私人空間，以致個體漸漸失去自由、創造力和批判精神。

我們如何判斷哪些是道德判斷呢？簡單來說，「仁愛是一種美德」屬於道德價值判斷，因為這牽涉品格的價值；「民主是最好的政府形式」則屬於非道德價值判斷，因為這是個人的評論，即使這評論可能很有根據，但這根據不在道德範疇以內的時候，便不能算為道德判斷。所以，「所有人都有自由權」便屬於道德義務判斷；「安裝書架應用釘子，不應用膠水」則屬於非道德義務判斷。以上只是很概括的劃分。

事實上，今天華人基督教信仰亦受到華人傳統的泛道德主義影響。再加上宗教與道德的密切關係，以致華人教會多從道德層面來看基督教信仰。結果是，基督教信仰演變成一系列的「應該與不應該」、「可以或不可以」。當然，信仰不是要跟道德分家，但將信仰等同於道德，或以道德來解釋信仰，都是對信仰的扭曲。

然而，我倒要承認一個事實。當現代社會高舉人權和強調站在受壓迫者那邊時，往日我們認為是道德價值的問題，如今卻變成了道德義務的問題。意思是，面對個人權利被侵犯和所屬羣體受歧視的人時，我們往往關注道德義務的考慮更甚於道德價值本身。同性戀便是明顯的例子。今天我們不單面著對泛道德主義的危機，更面對著淡化道德價值傾向的誘惑。

道德價值與權利

近期香港社會對同性戀的討論似乎起了一點轉變，就是不再以道德價值來判斷同性戀，而以權利的角度來討論它。

這裏所謂的權利不單關乎個體是否有權選擇自己的性取向，更關乎同性戀者是否因他們的性取向而被歧視和壓迫。明顯地，後者的關注賜予同性戀者一個新的身分，就是「被邊緣化的少數羣體」。這個新的身分為他們帶來支持和同情（尤其從那些高舉人權的組織而來的支援）。

每當有人以道德價值向度來評論同性戀時，他便會被視為以道德威嚇少數羣體的壓迫者。教會也被視為壓迫者之一，但教會卻看自己為衞道之士。

究竟同性戀是道德價值的問題，抑或是權利的問題呢？或許，這兩個問題不是必然對立的，將它們對立，只是滿足對立雙方的聽眾和掩飾自己的恐懼而已。事實上，道德價值和權利的考慮是可以共存的，因為縱使個體的道德價值錯誤，但他應有的權利是不應因此而被否定的。例如，一個犯人因犯法被鎖在監裏，他不應因他的道德價值錯誤而在食物、居住環境和醫療等方面得不到恰當的照顧。

任何強調同性戀是道德錯誤的，都不應否定他們有自由去組織敬拜上主的聚會，有接受神學教育的權利。雖然他們的權利被維護，卻並不代表他們沒有道德價值錯誤，因為權利與道德價值是沒有必然關係的。所以，我可以支持或維護同性戀者的權利，但同時又不把同性戀非道德價值化。

然而，今天我們面對的問題比想像中更複雜。一方面，社會正為同性戀是否一個道德價值問題而有所分歧。另一方面，縱使同性戀是個道德價值問題，我們又如何界定哪些權利跟同性戀道德價值有關而應被拒絕呢？這界線不易劃清。當然，若同性戀不是道德價值判斷時，後者的關注就不成立了。

當社會還在反省同性戀的道德性時，我們或許需要謹慎一點來看它的道德價值性。

批判性同在

人與社羣之間，總不免會有爭論。除了因為彼此的意見不同外，更因為當個體認同他所屬的羣體時，他對他的羣體就少不免會有要求和期望。有要求和期望便不能排除有爭論的產生，甚至彼此對立的可能。然而，若一切的爭論和批判都是為著社會福祉這同一的目標時，我稱這種不因分歧而離開的堅持為批判性同在。縱使我們意見並不一樣，甚至價值判斷也不相同，但我們不會因此而變得疏離和敵視。因為同在使我們發現彼此的相近多於分歧。

但我們的政府似乎並不相信批判性同在的存在和可行性。因為他們認為一切批判的話皆是敵意的象徵；而且，他們相信同在就是不計較對方的不是。於是，他們便建立了「不是我的朋友，就是我的敵人」這套敵我分明的邏輯。例如，中央政府看民主黨一切的批判為不與國家同在的表現，所以他們便拒絕讓民主黨議員進入內地。因為中央認為同在之中沒有可能存在批判，惟有敵人才會向自己發出批判。當然，民主黨亦要撫心自問，他們所說的，是有同在感的批判，還是站在外面說三道四。

然而，將同在與批判看為對立，不一定是被批判那方沒有量度或自我保護的表現。事實上，批判那方的態度亦可能使雙方的關係變得對立。近期教會對基督徒同性戀者的討論就是一個例子。從個人的觀察而言，我覺察到那些批判基督徒同性戀者的說話和言辭，表達出一種敵對多於同在的態度。在他們批判的言論中，我只感受到一份敵意和割席的傾向。他們由始至終都以約翰福音第八章，耶穌所說「不要再犯罪」這句話來解釋耶穌的行動。最後，耶穌不帶條件的同在這重要的示範卻被扭曲變成有條件的同在。

這不是說，我們不可以批判基督徒同性戀者，而是不要忘記他們是我們的弟兄姊妹。同在使我們的批判帶著同情、愛護、體諒和關心。

「性」工作

甚麼是工作？普通人很快就會說，能賺錢的就是工作。所以，不賺錢的就不算工作。當家庭主婦聽見這話時，必會大動肝火。因為照顧家庭絕不比賺錢的工作容易和輕省。把家庭主婦的職責看為一種工作，並不是要降低她們本身那非物質可量度的地位，而是我們不應只從賺錢謀生的角度來界定工作。另一方面，有人提出要提供不同形式的報酬給家庭主婦。當然，反駁者會說，孩子是她自己的孩子，家庭也是她自己的家庭，社會或她們的丈夫為何要給她們報酬？然而，因她們選擇在家中照顧孩子，她們的丈夫可以在外面賺錢；我們的社會亦不用大量補貼幼兒園等兒童教育機構。因著她們，我們成了不同程度的受惠者。當然，以上為女性說的話同樣可以用在男性身上。

工作的定義不應只牽涉（個人）謀生的考慮，更應關乎它對社會的意義。後者更特別指著為社會帶來正面和積極的貢獻。然而，今天我們所面對的挑戰比往日更嚴峻。當我們開始逐步接受家庭主婦是一種工作時，妓女亦提出自己是「性工作者」。意思是，若有人以勞動力和腦力來謀生，我們為何要歧視那些以性來謀生的人呢？又我們為何要將性看得這樣特別、這樣神聖？她們進一步說，以性來謀生是出賣肉體，但其他工作又何嘗不是出賣勞力和思想的呢？事實上，我們也曾聽過有「正當」職業的人歎息地說，他的工作出賣了他的靈魂。所以，「性工作」跟其他工作基本上是沒有不同的，但它卻受到歧視。

然而，性是否只描述人的一種機能，還是牽涉人的本體意識呢？若性只是一個關乎生理的考慮，我們實在不需將它「神聖」化，因為人的腦袋才是最重要的。所以，我可以出賣身體，卻不會因此而出賣靈魂。但若性是關乎人的心理、價值、自我意識的塑造、生命中的奧祕和人際關係的話，我們就有需要嚴謹地看性。當然，我們沒有需要將它「神聖」化，以致將性方面的任何傷害都等同生命的一切。但我們也絕不能輕率地看待它。因為性是我，我也是性。

話說回來，對於「性工作者」的邏輯，我不能認同。第一，如上面所說，工作不是以謀生作為惟一的界定因素的。不是因為這樣做可賴以謀生，所以它就是工作。第二，工作是要從社會的意義來理解，不能架空來界定的。意即，不是任何工作都算為工作，惟有那些促進整體社會邁向更善的，才算為工作。第三，工作是關乎關係的（縱使現時的雇傭關係並不理想），但性工作本質上就是破壞關係，將關係物化成可供買賣的貨品。第四，若性工作是工作的話，難道我們要為它開闢市場和引入投資嗎？

可以沒有好壞，但不能沒有價值

若你問：金錢是否邪惡？很多人會說，金錢是中性的，只在乎使用者如何使用。又若你問：資訊科技是否邪惡？很多人亦會持以上的觀點，所以，我們對資訊科技的討論也一直偏重於使用者層面上。我們似乎相信，若使用者都接受過適當的教導，資訊科技便對我們有益無損。毫無疑問，資訊科技確實為人類帶來很大的方便（例如在教育、醫學和科學研究上），但一件中性的事物為何會有被濫用的可能呢？中性論者惟一可能的答覆，便是人是罪人。

然而，我對以上的觀點總有一些保留。第一，人是罪人，但我們不能因此便否定或淡化外在環境（例如資訊科技）對人的影響。第二，正因人是罪人，我們就不能過分信任人性。意即，我們不要以為配合適當的教導，人就可以不被資訊科技所控。第三，資訊科技的出現反映出社會上某種價值觀和取向，這種價值觀和取向正是資訊科技可以急速地發展的原因。第四，我們可以不用好與壞來評價資訊科技的價值取向，但這價值取向卻必然地影響我們的生活節奏和人際關係模式。所以，這價值取向已不可能是中性的了。第五，資訊科技的討論不只關乎科技層面，它更引申出對社會公義的探討。例如，資訊科技的發展勢必使貧窮人的情況進一步惡化。因此，資訊科技的中立性不可以如我們所期望般成立。

事實上，資訊科技本身已帶著使用者和製造者的價值取向，所以它才可以某種形態出現。當然，使用者可以持更人性和理性的態度來運用資訊科技，但這樣做仍然脫不掉資訊科技本身帶有的價值取向。因為資訊科技的使用者；同時也是這價值取向的製造者。（意即，雖然使用者可以不是積極的參與者，但藉著市場供求調節的機制，他們也成為了參與製造這價值取向的一分子。）這樣，我們關注資訊科技時，就不能只針對使用者的心態，更要認識資訊科技本身的價值取向。沒有後者的探討，前者的討論只會將問題變得個人化。最後，使用者就被逼全然承擔一個不完全屬於他們的責任。

究竟資訊科技的價值取向是怎樣呢？第一，資訊科技離不開科技，而科技本身已假設我們的世界是一個可操控的世界。科技本身就是操控世界的工具。例如，面對環境被破壞，我們仍舊依賴並相信科技，認為它可幫助我們解決環境問題。第二，科技強調速度，科技發展的主要方向是增加效率。電腦製造商以改良電腦的速度和容量為主要發展方向便是最佳例子。講求速度將成為我們待人處事的態度。第三，科技本身包含權力的意味。不論這權力是跟軍事有關，還是跟個人理財和資訊運用有關，科技為使用者提供方便，讓使用者對生活世界有更大的操控權。因著「權力」帶有政治性；所以，含有權力意味的科技的價值取向，便不會是一個中性的價值取向。第四，發展資訊科技背後的理念，是相信透過掌握更多資訊，我們便可作出更英明的選擇。但這假設並不成立，因為資訊不等同知識，即使資訊再多，亦不能提升我們的判斷力。

毫無疑問，資訊科技的好與壞在於使用者的使用態度，但資訊科技卻表達了人類的價值觀。資訊科技是人類的選擇，不是自然的結果，從選擇分析架構到設計和製作，它都離不開人類的價值取向。所以，我們可以認為資訊科技不牽涉好與壞的判斷，但卻不能說它不帶價值取向。資訊科技影響我們的閱讀方法、與人接觸的態度、對虛擬世界的嚮往等。難道這些都不是它的價值取向在作祟嗎？

信仰篇

偶像

按傳統教會的教導，偶像是相對於上主的。偶像就是那些將自己等同上主，或那些取代上主地位的事或物。當然，上主與偶像之間並無「公平競爭」可言。意即，上主的能力和地位永遠不會因敬拜者變節而變得岌岌可危。相反，岌岌可危者是離開祂的人。因為上主本身就是道路、真理和生命，所以上主與偶像的關係並不牽涉市場價值，而是關乎人與事物的關係。因此，任何事物都有機會成為偶像。相反，一切所謂偶像的事物其本身都不是偶像。

然而，單從以上的向度來解釋偶像的定義並不完全可靠，因為我們假設了我們對上主的認識並沒有偶像化的可能與傾向。事實上，從以色列人的經歷來看，將上主偶像化，絕對是有可能發生的事情。先知對以色列人的指控是最佳的例證。那麼，當教會批評那些拜黃大仙、拜股票、拜消費主義的人是拜偶像時，我們可能跟他們沒有任何分別。因為我們的偶像是耶穌、是耶和華上主、是三一上主等。

以上這大膽的假設，不是要褻瀆上主的名，而是要承認我們會有意或無意地妄稱了上主的名。以上的假設亦不是要否定上主啟示的重要，而是否定我們將自己的詮釋當作上主的啟示。

究竟我們在哪方面有將上主偶像化的傾向呢？第一，我們以不同的原則代替那位活著的上主。最普遍的例子就是愛。因上主是愛，所以一切違反愛的行動都不屬乎上主。這正是為何有人提出上主愛妓女，卻對妓女生活的道德規範隻字不提的原因。在這理解下，上主只不過是個外殼，包裹我們對愛的理解，我們所講的「愛」，已不是上主本身對愛的陳述。

第二，我們的信仰系統傾向絕對化，而不存在任何自我否定的元素。所謂自我否定的元素，就是不容許信仰變得絕對化。否則，上主不再是一位活著的主，而是一套信念或教義。然而，有人為了克服內心的不穩，將信仰中的信心固定化。結果，信心就是相信教條。事實上，哪有信心是不帶冒險成份的呢？

巡行與遊行

可能因為公民意識增強了，香港人開始習慣用遊行的方式來表達他們的訴求。但當遊行愈來愈普遍，提出訴求的原因愈來愈自利時，遊行的影響力亦開始衰微，甚至令人討厭。這正是今天遊行活動的危機。

另一邊廂，香港基督徒亦開始接納遊行這表達方式，並引進了西方的「耶穌大巡行」成為教會活動之一。明顯地，「耶穌大巡行」跟一般的遊行不一樣，因為前者沒有任何政治的訴求，巡行的目的，只是宣告他們的信念（「耶穌愛你」、「耶穌是神」等）。

在英國留學期間，我沒有參加「耶穌大巡行」的活動。在香港牧會，我也沒有參加，但卻沒有阻止會友參加。不是因為我怕在眾人面前承認自己是基督徒，而是因為我還沒有弄清楚一個基本的問題。

對我來說，口號需要歷史，沒有歷史的口號，只是「鳴的鑼，響的鈸」。若「耶穌大巡行」是要表達籌辦者和參加者對耶穌基督的確信，而他們又相信耶穌是憐憫和公義的主的話，他們為何不在一些大是大非的事情上表達他們有同樣的信念呢？為何籌辦和參加「耶穌大巡行」的兄姊，不為那因「人大釋法」而不能與家人團聚的人籌辦一次「耶穌大巡行」呢？是因政教要分離？還是我們對自己所確信的不夠認真？

根據統計資料，有接近一萬名信徒參加「耶穌大巡行」。若在眾人面前宣認耶穌是如此重要的話，他們為何卻絕迹於其他基督徒前線團體所舉辦的街頭活動呢？是因各人旨趣不同，不需強求？還是因各人的「政治立場」不同呢？

遊行成功與否，不單在於是否有足夠的支持者，更在於訴求是否合理和使人產生共鳴。當然，巡行不同遊行。若我們不願意看見「耶穌大巡行」變為香港旅遊協會推廣活動之一，或迪士尼樂園式的觀賞節目，我們就有需要以教會整體的生命來承載這樣的行動。那就是行公義，好憐憫，與上主同行。

原則與「騎牆」

每當我主領不同教會的專題聚會時，總會遇到批評我的人，他們認為我沒有原則，讓信徒聽我的講論是一件很危險的事。例如，討論信徒與非信徒約會或結婚的問題時，我關注的焦點不是「信與不信不能同負一軛」，而是約會雙方對婚姻有甚麼期望。對我來說，對婚姻的期望比結婚對象是否信徒來得更重要，因為後者的身分並不能保證婚姻的素質。因此，牧者的責任是要教導會眾對婚姻懷有恰當的期望，而不是判斷哪些婚姻是容許的；哪些是不容許的。然而，奇怪的是，很多教會的牧者與長執對我的解釋並不滿意，他們總要我為信徒與非信徒是否可以結婚一事表態。當我拒絕以他們的思維回答他們的問題時，我便被他們視為「處境倫理」的支持者。

事實上，我從來不認為自己是「騎牆」（沒有立場）的。縱使我的立場存著很大的彈性，但這不等於沒有原則。究竟教會領袖所說的原則是甚麼意思呢？

他們所謂的原則就是維護教會單一性的教導。但為何要保護教導的單一性呢？這究竟代表教會的合一，還是教會壓抑異己的聲音呢？坦白說，教會基本上並不如我們想像般單一。會眾間存在著差異與多元，只是他們的聲音被人刻意掩藏起來。強調單一教導的重要，只是為了讓管理階層容易管理罷了！對於認識真理，那卻沒有太大的意義。

他們所謂的原則，就是真理只得一種解釋。因此，他們拒絕以理性的態度來驗證他們所相信的真理，因為他們認為自己早已完全掌握真理，毋須多加驗證。結果是，會眾被要求照著教會領袖所理解的真理而行。每當這解釋被挑戰時，挑戰的一方就被指為新派，是放棄信仰原則、向世界作出讓步。殊不知那自稱有真理解釋權的人，卻狂妄地看自己是上主惟一的代言人。

對我來說，有原則不一定指著對某些信念的堅持，因為這種堅持可能出於頑固、自大和操縱別人。有原則的人，是那些願意以理性，並保持著開放態度來討論的人。他們要持守的不是一套傳統，而是尋求對該傳統有更深的認識。更深的認識不在於不變，而在於能更新求變。

歧視

歧視不單關乎個人的遭遇，更是一個「階級」的問題。意思是，我所遭受的歧視，亦同樣會在那些跟我分享著相同背景的人身上發生。例如，若我因年齡的緣故而受到不平等對待的話，跟我年齡相若的人亦不能倖免。歧視就是社會的一種意識形態。歧視的破壞性，不單在於它的不公平，更在於它的終極性。因為當事人沒有辦法改變自己受歧視的因由（例如年齡、性別等）。

然而，在報刊的招聘欄上，我們常發現「基督徒優先」或「申請者必須是基督徒」等字句。這是否宗教歧視呢？雖然這些機構可能是私營的，但也不等於它們可以隨意歧視應徵者。否則，我們就談不上反歧視了。況且，有錢亦不是「大晒」（可以任意妄為）。

要回答以上的問題，我們有三個可能的理解。第一，強調基督徒優先是一種歧視，因為它已將非基督徒劃在圈外。不是因為他們力有不逮，只是因為他們沒有基督信仰。例如，在某些回教國家，非回教徒就受到不平等的對待。第二，這不算是歧視，因為該工作的性質只有基督徒才能勝任。例如，我們不會說那些要求應徵者懂電腦的工作，是對不懂操作電腦者的一種歧視。以工作性質來界定歧視，會存在很大的問題，因為宗教是關乎個人的信念，而不是技能。第三，「基督徒」不單代表個人的宗教信念，更是某種價值觀、做事態度和遠象的代名詞。例如，有工作要求申請者認同該校辦學目的。我們是否可以說不聘請那些不認同該校辦學目的者是歧視呢？當然，你也可以質疑，是否只可藉此宗教才能體會這些價值。

以上的論點，勉強可以為基督教被批評歧視教外人的處境解窘。然而，我始終沒有辦法為教內的歧視作辯護：那就是對女性的歧視（有關按立女牧師）；對靈恩或非靈恩教會的歧視；對保守或開放的神學院的歧視；對接受水禮或嬰孩受洗者的歧視……

千禧年

還有不到五日，人類歷史便踏入一個新的千年。除了因著千年蟲的困擾外，整個社會似乎都抱著很樂觀和興奮的心情去迎接它。人需要有盼望，所以多一點慶祝活動也不失為一件樂事。因此，不要批評政府花大量金錢在文娛活動上，而不將這些金錢用來改善民生。不是因為民生不重要，而是民生狀況不是數千萬元就可以改善過來。況且，貧窮人亦需要慶祝和娛樂。生活困苦是真實的，但這不是人生的全部呢！

話說回來，二千年這個數字到底有甚麼值得慶祝和高興的呢？若我們從生日的角度來看，我們慶祝因為這是人類歷史的大壽。二千年不容易捱，我們仍然生存，這豈不是一件值得慶祝的事嗎？千禧年慶典就是一個為著人類的成就而慶祝的時刻。坊間各種有關千禧的主題活動和選舉，都是以這方向作為慶祝的焦點。千禧就是慶祝人類的成就。所以，每個人都會被問：你如何迎接千禧呢？換句話說，你如何慶祝它呢？

我們慶祝千禧年，參與倒數活動，可能跟數字充滿神祕感和吸引力有關。不知道為了甚麼，人總愛賦予數字不同的象徵意義。例如，十三是個不吉利的數字；七和十二就代表完美（基督教的看法）；我的大女兒說二和八是她的幸運數字。二千又代表甚麼呢？有人會聯想到二千年是耶穌回來的日子；有人看它為結婚吉日……。總之，每個人都有自己解釋二千的理由，而每個理由都是合理的。

對基督徒來說，我們很快就聯想到聖經的千年（啟二十章）。有趣的是，聖經中對千年的慶祝，不是因人類的成就，而是因上主是生命和歷史的主。祂是生命的主，因祂能使死人復活；祂是歷史的主，因祂是歷史最後的審判者。因此，千年提醒我要熱愛、尊重和維護生命，對公義執著、堅持和奮鬥。抱著這態度和期望，我踏入二千年。

真假宗教

我自小在一個天主教家庭長大，但不知甚麼原因，我是家中惟一沒有接受嬰兒洗禮的成員。對於這事，我一直耿耿於懷，不單因為我沒有聖名（通常是英文名），更因為我覺得自己不屬於這個家庭。所以，自小我就盼望自己能成為天主教徒，與兄姊看齊。還記得小時候，當老師問哪個是天主教徒時，我便會毫不猶疑地舉手。

自高小開始，我便沒有接觸教會了，但到了中四那年，卻與一位虔誠的基督徒同學為友。就在這巧遇下，我開始接觸基督教。經過對信仰的一番探究後，我接受水禮成為基督徒。或許，一些信徒會將我的經歷理解為，上主在我年幼時並沒有忽視我，祂不但在我身上播下福音的種子，更聆聽我的禱告；但另一些信徒（如我當時的基督徒朋友）卻會有別的理解，他們認為上主是可信的，因為祂不但聽小孩的祈禱，更保守我不加入異端（天主教），沒有接受嬰孩洗禮。往日，對我來說，沒有接受嬰孩洗禮是一個遺憾，但今天它卻成為一件值得感恩的事。在這樣的成長背景下，我被教導以教義來分別真宗教和假宗教。回想，最大遺憾可能不單是對其他宗教的標籤，而是將基督教絕對化。

受洗至今已有二十年，我沒有想過要放棄我的信仰，或離開我所屬的羣體。這不是因為我的意志堅定，而是因為上主的恩典。然而，在這二十年間，我的信仰亦起了基本的變化，就是我不再將基督教看為絕對。基督可以是絕對，但基督教就不可以。教會可以為基督作見證，但那真實的是見證的對象，而不是作見證的教會。 基督教是一個起點，但不是一個終點；同樣，基督教（例如，相對於天主教）是一個起點，但不是惟一的起點。有人認為我已離經背道了，但批評我的人又是否意識到，他自己正在享受將基督教絕對化而產生的自義呢？對我來說，基督徒就是那些相信藉著耶穌基督的救贖，得以分享上主的生命，並以愛祂和愛人為人生意義的人。

上主比一切都要大和豐富。任何嘗試以不同的表達來理解祂，並將這些表達看為絕對的做法，不一定可以幫助我們更有系統地認識上主，反而可能令我們對上主有更錯誤的理解。上主豈不是說不可為祂雕刻偶像嗎？（出二十3）以教義來規範上主不就是雕刻偶像嗎？雕刻偶像所關注的，不只是一個物質的問題，而是以有限的代替無限的上主。（見太六24）然而，這不代表我們要摒棄教義，正如我們不用摒棄財富。教義有其存在的需要，但漠視它的限制而強調它的絕對，就是敬拜偶像。

或許，你會對我以上的看法有所保留，但是我們如何決定哪些是異端呢？耶和華見證人和統一教是異端嗎？我們又應否繼續使用「異端」一詞呢？這些問題的背後，其實隱藏了將我的看法解讀為一個只可選擇其一（either... or...）的看法。事實上，由始至終，我不是否定教義的重要性，而是要澄清教義的功能。對於上主，教義並沒有絕對的解釋權。或許，真假宗教的分別，在於它們是否以為自己擁有解釋上主的絕對權力，而忘記了我們由始至終都是罪人。

信耶穌得永生

成為基督徒不是要為靈魂找一些心靈寄托，而是為了經歷與上主復和的關係。這復和的關係不單是一種心靈的體會，更是整個歷史的我與上主相遇。然而，不知為了甚麼，教會的教導與實踐卻有意無意地忽略那與上主復和所帶來的歷史新關係。

「信耶穌得永生」可以說是基督教的「生招牌」（甚或廣告牌）。可能是因著中文本身的結構（或者是推卸責任？），一提起永生，我們很快就聯想到死後的生命。結果，上主的救贖或個人得著拯救，便變成一個死後的歸宿問題。在基督教裏，這看法極之普遍。我們可以從幾個經驗裏找到證明。例如，對很多基督徒朋友來說，當他們的親人還未接受耶穌為個人的救主而生命又危在旦夕時，他們就極之渴望其親人能早日相信耶穌，以致他死後可以享受永生。於是，他們找來神職人員向其親人「講耶穌」。倘若其親人真的信了耶穌，他們就放下心頭大石。不然的話，他們就會有點心酸。或許，「死得眼閉」不是用來形容那病人的感受，而是形容他的親人對他的感受。第二個例證是，基督教會裏正流行一種由美國輸入的佈道法，稱為「三元福音倍進方法」。這佈道法教導學員向未接受耶穌的人所發的第一個福音問題是：「你是否有把握在死後上天堂？」他們假設這問題可以引起當事人對信仰的興趣，但卻忽視了這樣引介福音會使討論者在不知不覺間以死後的生命來詮釋得救的意義。結果，上主的救贖漸與人類的歷史無關。

這就是我的信仰成長背景。我曾為人的永生而焦慮和拼命傳道，盼望他們死後可享永生。一方面，我似乎很關心他們的命運，但另一方面，我卻是扭曲人性（就是將人切割）。一方面，我又似乎忠於上主對我的吩咐（將福音傳給萬民），但另一方面，我卻扭曲福音的內容。為著我所傳的福音，我大發熱心，殊不知我所傳的卻是「禍音」。

直到八十年代中期，我有機會接觸解放神學的思想，我才開始醒覺。原來耶穌基督所帶來的永生不只能解決死後的問題，更帶來今生也可以經歷的喜悅，那便是公義、和平和為別人而活。因為永生代表著生命，一切踐踏生命和否定人類生存的行為，都是否定永生。當我們的世界有數以億計的人正面對基本生存的問題時，請你不要向我說死後生命的意義，因為這是對永生的一種侮辱；又當人權被踐踏和以武力鎮壓時，請你不要向我說死後生命的重要，因為這是對永生的一種強暴。惟有我們先懂得尊重生命，永生才不會成為「人民鴉片」。

或許，有人會認為我淡化了人的超越性，但我想像不到，若永生只關乎死後的歸宿，它可以為人類帶來甚麼安慰和貢獻？耶穌說：「那殺身體、不能殺靈魂的，不要怕他們；惟有能把身體和靈魂都滅在地獄裏的，正要怕他。」（太十28）在這裏，耶穌不是討論靈魂比身體，或永恆比短暫更重要，而是要指出因為我們相信永生，所以我們就不用怕那些邪惡的勢力。縱使它們手握生殺之權，但因著永生所帶來的盼望和動力，我們決不會向不公義低頭。

從實踐到教會合一

對教外人士來說，他們總弄不清楚為何基督教（指新教）內有數之不盡的宗派。坦白說，身為教內人士的我們，亦搞不清楚各宗派間之不同。事實上，可能每隔數月就有一間獨立堂會成立。這種現象最少有兩個含義。第一，教會合一的需要愈來愈迫切，因為彼此間的陌生只會促使更大的疏離與更多的誤會。第二，香港信徒不認識不同的宗派，不是因為他們無知，而是因為他們不重視宗派觀念。對信徒來說，信仰便是個人生命連繫於基督。至於浸信會、信義會、聖公會等等，它們所代表的，是教會名稱多於神學立場。某程度上，這兩個含義說明了教會所推行的合一敬拜得不到信徒支持的原因：因為對信徒來說，由始至終，基督徒都是合一的。

以上的觀察並不是指所有合一活動是多餘的舉動；相反，合一活動是不能缺少的，因為合一是一種生活。但問題是，今天教會的合一活動究竟是否真的能促進和見證彼此間的合一呢？第一，究竟教會的合一活動是要滿足教會組織的連繫，還是促進信徒間的感情呢？

當然，這兩者是相輔相成的。然而，它們是有分別的。前者是從上（領袖）而下（信徒）的，但若「上」與「下」之間存在障礙，這模式就只能成為教牧同工和教會領袖的「派對」（Party）；後者是從下而上的，但若「上」對「下」抱著不信任的態度，教會便可能會因此分裂了。第二，究竟教會合一是一個抽象的理念還是一項具體的實踐？前者著重於規劃合一的界線，而區分的焦點往往是教義和教制。後者就是以認同耶穌基督在世的使命為合一的招聚點，並將之落實於教會的事工上。前者顯然是宗派組織的關注，而後者則是基督教機構的服事理念。誰優誰劣，則見仁見智了。

然而，在年多前發生了一件轟動世界的事，迫使教會重新思考合一的意義，那就是德蘭修女的逝世。或許，對天主教徒來說，德蘭修女的逝世是上主向他們發出一個延續德蘭修女工作的呼召。然而，對基督徒來說，我們沒有這麼快便跳到回應呼召的層面。因為我們還要處理德蘭修女是否一個「重生」的基督徒、天主教徒是否得救等基本的問題。或許，對天主教徒來說，這些問題是多餘的，但基督徒卻不這麼想。這些不同的看法，往往會成為合一的困難。

德蘭修女個案的特別，在於她不以教義來宣講真理，而是以行動來展示真理。沒有一個人會質疑德蘭修女的工作與犧牲，亦沒有任何一個人能否定她的宗教體驗。對那些只懂得以教義來理解合一的人來說，他們可以達至的成就，相對於德蘭修女那活生生的個案，就顯得很有限。因為基本上，合一不是一個理念的問題。對那些每年都舉辦合一敬拜的人來說，他們的成效更是相對地微小的，因為合一不可能只掛在嘴邊。德蘭修女的見證正好向我們說明：合一不應只是基督徒羣體內部的掙扎，而是我們與貧窮人應有的關係。此外，她的見證更以正確的實踐（ortho-praxis）來表達合一的中心，這比正確的教義（orthodoxy）來得更具體。若合一沒有正確的實踐，一切合一的表現也只是虛假。

對聖召的抗議

在教會中，有一種人是很特別的。他們有一套很特別的服飾。此外，他們可不受干預地進入聖壇。他們是誰？他們就是基督教的牧師或天主教的司鐸。他們往往被描述為上主所揀選和呼召的一羣。因此，牧師和司鐸就被視為神聖的代表、與上主契合的象徵。（或許，神職人員的稱呼也是由此而來！）自我成為基督徒後，就盼望有一天能成為牧師。是驕傲作祟，還是對聖工的羨慕？我都記不清了。

每年看見不同的主內兄姊蒙上主的呼召，進入神學院受訓；亦每年見證著教會對他們的差派。然而，事與願違，上主的聖召總沒有臨到我的身上。或許，是我的靈命太軟弱了；又或許……不錯，我是個軟弱的人，但羨慕聖工豈不是上主所喜悅的嗎？我抗議，抗議上主不揀選我；我爭辯，爭辯上主「大細超」（厚此薄彼）。或許你會說，我這抗議和爭辯的態度已足以說明我不蒙揀選是因我自恃和不順服上主。是的，但難道連抗議和爭辯都要扣帽子嗎？我為此更要抗議。抗議已成為我基督徒生命中的一種生活習慣。

直至一九八四年的春天，當我讀到彼得前書二章9節「惟有你們是被揀選的族類，是有君尊的祭司，是聖潔的國度，是屬上主的子民，要叫你們宣揚那召你們出黑暗入奇妙光明者的美德」時，我才醒覺到，成為基督徒本身已是一個呼召。呼召不是上主安排我去當牧師或司鐸，而是上主向我表達祂無私的愛和無條件的宣赦。召命不再是某種職業所專享的描述，而是每個基督徒對上主應有的回應。召命不是上主對我有特定啟示的某一時刻，而是基督徒每刻的生命。所以，沒有一個基督徒是沒有召命的，亦沒有一個基督徒可擺脫上主對他的召命。否則，耶穌基督就與他無關了。

對我來說召命沒有聖召或普通召命之分，召命只有一種，就是那從上主的愛與宣赦所發出的呼喚。因此，我要抗議教會特別差遣和祝福那些進神學院的兄姊的舉動。不是因為他們不值得我們支持，而是因為這樣的做法正將牧職事奉錯誤地聖化（或神化），使我們忘記牧師或司鐸也是人。另一方面，這做法亦無形中淡化其他工作的「神聖」。事實上，教會要祝福神學生，因為他們需要我們的支持；但那些投身社會的弟妹，也許更需要我們的祝福，因為他們所面對的誘惑不比神學生少。

此外，我抗議神學教育只為那些準牧師和準司鐸而設。神學訓練不應是職業訓練，而應是生命的訓練，培育信徒對上主認真和投入。所以，神學是為每個基督徒而設的。我在沒有教會傳統認定的聖召下進神學院攻讀神學，盼望在那裏的學習使我對上主有更堅定的回應。

自己做神學

踏進神學的世界，我才發現裏面是個無際和遼闊的天空。說得正面些，所有言論都有發表的機會（例如，上帝死了的神學、同性愛的神學）；說得負面些，雞毛蒜皮都算是神學。若要為自己讀神學做個簡單的回顧，我會說，我學懂自己做神學的必要。

神學只是神學家對上主在人類歷史中的啟示與行動所做的反省結果。所以，沒有任何神學是絕對的。因為，神學只是神學家的反省結果；而且，上主的啟示是此時此刻的。所以，每個基督徒都要為自己做神學，學習對上主和自己負責任。但這說法並不是基於相對主義，或尊重每個人都有的發言權，它只是要簡單地承認我們的有限。進一步來說，因神學不是絕對的，所以，聖經作者對上主經驗的描述便不是這經驗的惟一解釋，而只是表達其個人的關注了。例子之一就是約翰福音二章1至11節，耶穌在迦南變水為酒一事。事實上，我們可以接受這是一件真人真事，但我們不一定要接受約翰對這事的解釋。（我承認我可能將問題過分簡單化了，因為有學者指出耶穌將水變酒的神蹟不是真有其事，而是一種神話語言！）意思是，在約翰眼中，將水變酒是耶穌所行的第一件神蹟，目的是顯出祂的榮耀。很明顯，約翰認為這不是一件普通的事，而是一件極具神學意義的事。當然，我們不能抹殺約翰詮釋該事件的準確性，但我們亦要承認，約翰的解釋只是他個人的神學反省。事實上，我們始終無法得悉耶穌行動的真實本意。所以，約翰的解釋只可看為是其中一個可能罷了！

那麼，另一些可能是甚麼呢？耶穌的行動可能正表達祂積極參與人類的慶祝活動，祂對該活動的投入甚至到了行神蹟也在所不計的地步。耶穌的行動不但代表祂不想掃興，更表達出祂完全的投入。將水變酒不但是要滿足婚宴的出席者，更是要滿足祂自己的歡樂。這不是說耶穌是一個貪喝貪玩的人，而是指出耶穌不但不是禁慾主義者，祂更懂得享受人世間的慶典。耶穌的行動正向我們說明，我們不一定要任何時候都抱著「先天下之憂而憂」的心情，我們要懂得享受有時、歡樂有時、瘋狂有時。而且，後者不一定會使基督徒失去體統。

在以上兩種解釋中，你會否採納我的解釋呢？退一步說，我的解釋沒有成立的可能嗎？我無意要用我的解釋來取代約翰的解釋，我只不過要用此說明，當我們說神學不是絕對時，聖經作者的詮釋為何可以豁免不受挑戰呢？我深知道我提出這看法是很危險的，因為一方面，我似乎沒有考慮啟示在聖經中的位置；另一方面，我正鼓勵隨意解經。最後，基督教信仰就沒有共同基礎，而只有不同的解釋。

我絕對承認上述看法有危險性，但即使那是由上主發出的啟示，它是否就能確保信徒對基督教信仰都持一致的理解呢？我相信這只是一廂情願的想法。一方面，當我看到啟示被理解為上主逐字默示（inspiration）時，聖經便變成了一本偶像崇拜的聖物。另一方面，即使我們接受上述對啟示所作出的簡單理解，但沒有啟示是不經詮釋的。那麼，我們為何不能接受合乎信仰傳統的多元解釋呢？

自己做神學不是後現代的產物，而是以積極的態度對上主在此時此地所給的啟示作出應有的回應。

維護還是攔阻真理

自神學畢業後，我選擇在堂會中事奉上主，而我亦被教會安排到一間小禮堂暫任傳道之職。按著所屬教會的宗派制度，初入職的神職人員稱為「教師」。若干年後（最少三年），若得到堂會推薦和在聖職上有良好表現者，就會被按立為「牧師」。對於這制度，我沒有異議，因為初入職者需要時間適應和評估自己對聖職的理解和投入。然而，對於由此制度而衍生出來的「聖禮牧師」制度，我卻十分不滿。

簡單來說，聖禮牧師的職責就是施行聖禮，因為按著一般基督教會的理解，只有牧師才有資格施行聖禮。但聖禮牧師皆有自己牧養的堂會或其他工作。結果，他們與那些需要他們施行聖禮的教會，只能保持著一種工具性關係。更不幸的是，我所牧養的堂會的聖禮牧師是位外籍人士。他不懂中文，就以自己的羅馬拼音來誦讀有關聖禮的經文。他不介意會友是否聽得明白，亦毫不介意繼續每月一次來堂會中施發聖餐。

我的不滿有兩方面。從聖禮的角度來看，由牧師或教師來施行聖禮有甚麼分別呢？若從教會實踐的角度來說，惟一的分別就是牧師有權施行聖禮，而教師則沒有。但這劃分的方法顯然沒有神學根據，而且，若教會已將宣講和教導的職責都交予教師，我看不出教會有何理據不交出施行聖禮的職責。宣講時出錯的機會比施行聖禮更多，若教會為了防止真理被誤解，她就應該讓教師施行聖禮，而讓牧師多講道。但實際的安排並不是這樣，或許是牧師懶於寫講章，所以教會就安排他們做那些不用花太多時間準備的工作——施行聖禮。（希望我的理解是錯誤的吧！）

從牧養的角度來看，聖禮不只是一個宗教禮儀。當牧者施行聖禮時，他對會眾的牧養就同時發生。除了因著聖靈在聖禮中的工作外，更牽涉牧者對會眾的認識和會眾對他的信任。每當我協助那外籍聖禮牧師分派上主的聖體時，我必會對那領受者說：「正芯，這是主的身體，為你而捨。」除了說出那領受者的名字外，我更會為某些領受者祈禱。我可以這樣做，只因我牧養他們，並知道他們的需要。若聖禮是牧養的其中一個途徑，我絕不明白為何那沒有參與牧養的聖禮牧師卻是那施行聖禮的人。可理解的理由就是他們仍想維護牧師身分的優越性。若是真的話，施行聖禮就成為階級的象徵。

記得有一年的主立聖餐日（即受難日之前一晚），我建議在不同會友的家中舉行聚會。一方面讓會友們可以有一段共餐和深入分享的時間；另一方面，作為主人家的，可以分享羣體牧職的意義。然而，其中有一個要處理的問題，就是誰人可以施發聖餐。基於我認為，施發聖餐不應是神職人員的專利，而是參與牧養的人的責任。所以，我建議主人家可以為來賓施發聖餐。當這建議傳到了那聖禮牧師的耳中時，他極力反對和禁止，理由是施行聖禮者不是牧師。我心裏說：「牧師大晒（很了不起）嗎？」我不理會他，甚至「違反」教牧章程，在主立聖餐日那晚，由我施發聖餐。然而，話說回來，我根本沒有違反章程。因為教會沒有賦予我施行聖禮的權力，所以，在他們的眼中，我所施行的聖禮都是無效的，不能算是聖禮。既然我所施行的都不算聖禮，那麼，我便沒有違反那教牧章程了。

教會與社會

社會上的人似乎都對基督徒懷有有一些期望，他們認為基督徒會較有道德感。所以，當基督徒的行為不能達到社會的期望時，社會就會看不起教會，甚至用鄙視的態度來諷刺基督教。但另一方面，教會又似乎很認同社會對她的期望，以致教會亦常以社會的眼光來理解信徒在不同場所內應有的表現。有時，教會為了維持社會為她塑造的形象，不惜以息事寧人的態度來處理教內違法的事。話說回來，社會對教會／基督徒有期望不是一件壞事，因為期望本身正表達社會看重我們。反過來說，當社會對基督教一點期望都沒有時，那就糟糕了。然而，問題又要說回來，為何社會會以道德行為來檢視教會／基督徒的價值呢？

基本上，以道德行為理解教會／基督徒不是東方信徒（尤指那些受儒家學說影響的信徒）所獨有的想法，西方的社會亦持有這看法。記得每當有神職人員有越軌行為時（往往都跟性扯上關係），報章必大事報導和追訪。報章不只是為了銷路而大做文章，更是為了公眾對教會／基督徒形象的關注。當然，社會對我們的期望是正面的，但這期望是否教會的真正身分呢？或許，我們的不足就是太快以社會的期望來衡量自己，以致我們忘記自己應有的身分和使命。

沒錯，教會要向社會展示她的正義和憐憫，但教會不要忘記，自己仍然是罪人的羣體。這不是要為教會找藉口來掩飾自己的腐敗，而是當社會以道德來量度教會時，教會可能過分自信地以為自己就像社會所期望般聖潔。一方面，信徒將自己和弟兄姊妹過分理想化，當他們不能達到要求時，就產生罪疚和忿怒；另一方面，教會則裝扮成聖潔，並設法掩飾和否定自己的不是。我們承認自己是罪人的羣體，是要讓我們承認沒有了上主的恩典，我們甚麼都不能做。因我們由始至終都是罪人，我們所經驗的，就是被上主寬恕和從中學習寬恕。這樣的說法不是鼓勵我們放棄做一個有道德力量的人，而是要讓社會知道，我們的道德力量是來自寬恕。

以道德理解教會對社會的作用沒有不妥，但是這不應是惟一或最重要的詮釋。坦白說，以道德來理解宗教正是有意無意地淡化宗教對人超越的關注。沒錯，宗教和道德有著千絲萬縷的關係，但它們並不相等，它們各有其獨特的關注和特性。基督教信仰所關心的，就是上主與人的關係和這關係如何在人類社會中發生。所以，當教會過分認同道德生活為她的存在的特質時，她正落入現代社會將宗教邊緣化的陷阱中。結果，人與人的關係就替代了神與人的關係。當然，這不是說道德生活不要緊，而是我們不要這麼快將宗教等同道德。

最後，以道德理解基督教是危險的。因為，即使沒有基督教信仰，我們也可以分辨善惡。當道德成為最終的量度標準，而基督教又成為這標準下的內容時，基督教的存在便變得可有可無了。事實上，從歷史來看，教會豈不是不斷挑戰當時認可的道德，而其行動卻被當時社會視為違反道德嗎？（例如，反奴隸、反妾婢，甚至今天的反同性戀婚姻。）

說到底，教會的存在不是要滿足人類定下的期望，而是要帶領人類邁向上主的心意。

感情篇

朝聖

對於有宗教信仰的人來說，有機會踏足其創教者之發源地，並仿照其在世的行迹，實是一件最美好的事。這說明了為何回教徒渴望到麥加，而基督徒則希望到以色列。問題不在於那地本身有何神聖之處，而在於信奉者相信踏足該地可以加深他們對其創教者的記憶，並有助他們信仰的成長。這正是回教徒一生人最少要到麥加一次、基督徒總設法到以色列跑一趟的原因。坦白說，很多朝聖者只懂尋訪那些宗教遺迹，卻對該地本身的社會現況毫不認識。這種抽離歷史的朝聖，只會令朝聖者將該地點神聖化，甚至不理性地擁護該地統治者的霸權。這正是為何很多基督徒只關心耶路撒冷的清真寺何時被拆毀，而漠視以色列多年來對巴勒斯坦人的歧視與欺壓的原因。

然而，朝聖又豈是信徒的專利呢？七十年代後期，中國改革開放，昔日曾在內地宣教的組織和人士紛紛都到中國去。或許，朝聖就是對他們最合適的描繪。因為他們的重臨不只是探訪，更帶有很強烈的宗教情懷。

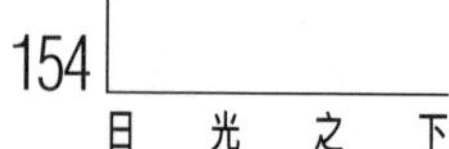

以色列曾是我夢寐以求的遊覽地點。但以往數年，我卻選擇到英國去，而且每年的行程都一模一樣。對英國的感情，不是因我曾在這裏留學五載，而是這地記錄了我與亡妻一段刻骨銘心的回憶。我懷著朝聖者的心態踏入英國，希望這片土地讓我重溫舊日的片段，感受不能再有的歡笑，思想今日還活著的意義。

這次，當我帶著女兒到我與內子常去的教會參加主日崇拜時，凝望著十字架的我忍不住流下淚來。往日，我曾站在這講壇上講道，而內子就在台下默默地支持和聆聽。往日，我們一同將大女兒奉獻給上主，並讓她受洗。但如今，卻只剩下我和兩個女兒。我和大女兒牽著小女兒的手到台前，讓她接受洗禮。那一刻，我心中有數不盡的傷痛與眼淚。明年，我會否再到英國？我不知道，但在那裏，我找回我的過去、現在與未來。

周年記念

每一年，我們都自然地度過三百六十五日。然而，在這三百六十五日中，我們總會設下一些特別的紀念。除了一些公眾認同的節日外，我們還會特別記念生日的日子、結婚周年的日子、受洗的日子等。當然，這些日子的重要程度因人而異。但記念本身不是因那日子是吉日，而是因當日所發生的事值得回味和重溫。所以，太太最不滿的，就是丈夫竟忘記了結婚紀念日，或不為這天計劃一番。這説明了為何男女朋友可以因忘記了對方的生日而吵翻。

奇怪的是，若重點在於回味與重溫，我們又何必拘泥於某月某日呢？若某月某日真是這麼重要，我們又為何不再嚴謹些，連某時某分都計算在內呢？那些不重視紀念日的人會理直氣壯地説：要珍惜婚姻關係，又何需要等結婚紀念日呢？每一日都是紀念日。所以，慶祝結婚周年不等於他們相愛，那可能只是一種補償。相反，沒有特別為結婚周年而慶祝，卻可能表示每日都是他們的慶祝日呢！

以上的論調不無道理，但慶祝豈是由一方來決定的呢？例如，在母親節，以上的一番論調只可由母親說，不可由子女說。在結婚紀念日，以上的言論便絕不應由沒有計劃慶祝的一方提出，只可由期望慶祝的一方提出。說到底，記念一事豈可抽離日期呢？因為日期證明這事件的歷史性。因著這事件具歷史性的緣故，我們不可以隨意按著個人的喜好詮釋。此外，歷史性要求我們正視我們的歷史，從中找回我們是誰。這正是為何教會有堂慶，學校有校慶，國家有國慶的原因。

但周年記念又豈是只有快樂，沒有傷心和惋惜的呢？例如，六四周年紀念令人傷感；九一八周年紀念令人憤怒。然而，有些令人傷痛的周年紀念日，沒有人會主動去記念。因為回憶只會使剛痊癒的傷口再度撕裂。但對於傷痛者來說，這樣的記念又有何必要呢？需要紀念，是因為只有在記念的行動中，他才找回自己。

健康是福

對一個病患者來說，他比我們任何一個人更體會健康的重要。例如，當我不可再走路，我才體會雙腳可以活動的寶貴；當我失去味覺，我才明白甚麼是食得是福。然而，以患病中的體會來理解何謂健康是否合理呢？這樣做會否將身體過分理想化，以致我們被自己所投射的理想迷惑，成為最終的受害者呢？尤其，當我知道我的病不會好轉，甚至會逐步惡化時，理想化的健康只會為我的生命帶來更大的痛楚和遺憾。因為我已發覺自己與它愈來愈遠。事實上，我們發現很多人自少就患病，以致要與病魔糾纏終生。若健康就是相對於患病，這理解無疑侮辱和蔑視了病患者在病患中所付出的一切奮鬥。

病患者的經歷不是迫使我們珍惜健康，而是反問甚麼是健康。意思是，不應以那些沒有病痛的人作為健康的指標，而應參考病患者的生命來理解健康。對病患者來說，生命就是無常，他可能沒有好轉的一天。那麼，健康便應該是指一份適應力，就是對衰老、痛苦和邁向死亡的一份適應能力。換句話說，健康就是一份與生活種種困難共存的能力。神學家巴特（Karl Barth）說，健康就是成為人的能力。以上對健康的解釋，不是在病患者不癒的情況下作出妥協的想法，而是若我們相信身體跟心靈是分不開的話，我們對健康的解釋為何只停留在肉體的描述上，而不顧及心靈的狀況呢？事實上，世界衛生組織已強調，健康是指身體、智能和社交健康的情況，而不單指沒有病痛和傷殘。再者，以身體的狀態來決定一個人是否健康，是對傷殘者的一種歧視。坦白說，我們都知道身體是在變化和衰殘中（這話說在青春期後）。我們惟有仔細聆聽身體的聲音和觀察它的變化，使我們更能調和身心彼此間的關係，而不簡單地以心靈操控身體，或讓身體折磨心靈的方式來面對可能患病的自己。

回憶

回憶是人生命裏很有趣的系統。回憶的特別不在於人可以選擇性地回憶，更重要的是，因著回憶，人與人的關係便建立起來。這正是為何主耶穌基督要求我們常以聖餐記念（或回憶）祂。不是因為祂怕被人遺忘，而是因為祂不願與我們疏離。

若關係的建立在於回憶，那麼雙方就需要對同一事物的內容存有某程度的回憶。否則，他們相見亦如陌路人般。當然，雙方不可能對同一事物有同一樣、沒有差別的回憶。但是，這些差別卻能成為彼此溝通的話題。

從以上的分享，我聯想到一件事。若關係的建立在於雙方的回憶，那麼若其中一方離世的話，關係就應該隨即終止。但我們基督徒相信復活、相信永生。縱使死亡中斷了雙方的關係，但這中斷不是永恆的，因為復活最後會使他們重聚，關係亦會因而重建。這是我們常在安息禮拜所聽到的安慰。但重聚又如何呢？因為當雙方各在一方時，他們已分別有自己的生活，有自己的回憶，他們還可以重拾昔日的關係嗎？他們重聚時可能形同陌路！或許，耶穌說，在天上不娶不嫁（除了是一個關係的轉變外），就包含了雙方因沒有共同的回憶，以致在地上娶嫁的關係不會延續的意思吧！

然而，在世的人始終不可能不回憶。因為生命是從回憶而來，沒有回憶就不能活出生命。但回憶不一定是正面的，尤其當它把你牢牢地困著時，生命會因回憶變得自憐、自卑，甚至自毀。因此，回憶就有需要被分為死的回憶和活的回憶。在此，我想起耶穌基督吩咐我們守聖餐。按著我的信仰傳統，聖餐不單是追憶耶穌的死亡，更是與活著的耶穌相遇。因為基督臨在聖餐中。基督的臨在使一切對祂的回憶變得有生命、有未來。然而，這樣的回憶在人與人的關係上又如何發生呢？尤其是對死者的回憶……

沉默

當我們面對著無情無理的際遇時，總盼望有同聲同氣的人。不單是為了得著同病相憐者的安慰，更因為同聲同氣代表我們沒有被遺忘。相對來說，我們容不下別人（尤其是至親的人）以沉默來回應我們那不幸或不合理的際遇，因為他們的沉默似乎表示著漠不關心、與我何干的態度。

然而，沉默不一定代表無情無義，它也可以是對人生際遇感到無奈的表達。意即，當哭泣，甚至言語都未能完全將心底那份唏噓表達出來時，沉默可能是另一種表達至深痛楚的方式。但誰能明白沉默者背後的悲痛呢？

對遭遇患難的人來說，沉默者是最差勁的輔導員。因為沉默者一點感情都沒有。縱使有，他也選擇了一個錯誤的表達方法。對壓迫者來說，沉默者是他們的支持者。因為他們可任意而行，而不會遇上任何反抗。對社會運動者來說，沉默者是最無主見的一羣。他們只懂忍受，並對自身的權利毫不認識。對政治家來說，沉默者是他們的政治本錢。因為這些沉默者沒有表達他們的政治取向。因此，社會中不同的羣體就設法幫助沉默者說話，甚至自告奮勇成為沉默者的聲音。但沉默者不一定因此而說起話來。他仍舊像往日一樣沉默。又正因他沉默的緣故，他就為不同的人製造了不同的空間，甚至促成了被別人利用的機會。但他仍舊不為別人對他可能的誤解發言和澄清。

當耶穌被釘上十字架時，祂發出一句呼聲：「我的上主，我的上主，為甚麼離棄我？」耶穌這話，是對上主沉默的投訴。意即「為何祢目睹祢愛子被釘在十字架上卻一言不發？上主呀！我真的受不了祢那份沉默。祢可以沒有行動，但祢不能沒有反應。祢是有眼的，還是沒眼的？」但上主仍然沉默，一聲不響。是上主無情，還是祂哭不成聲？

上主的沉默令人覺得祂有點冷酷，但惟有那些完全認同受苦者的人，才明白沉默中的真摯。

象徵

除了關乎真偽之辨別，事物本身存在象徵意義的層面。象徵不牽涉真與偽的討論，只關乎它所指向的事物。象徵的特色是它可超越事物本身的意義，讓參與者透視一個新的世界和意義。然而，不同的人可以從同一事物得到不同的象徵意義。這不同並不關乎正確與否，只關乎認受性。當某事物的象徵意義愈單一和愈多人認同時，它所發揮的力量亦會相繼增加。但這是一個凝聚的力量，還是一個控制的力量呢？這便視乎那是甚麼事和在甚麼情況下發生了。例如，國旗和國歌是國家和民族的象徵，它們所發揮的，便是凝聚的力量。但相對一個被侵略的國家來說，在自己的土地豎起侵略者的國旗時，那就是控制和侮辱。因此，象徵意義跟人與地是分不開的。

將事物看為一個象徵，不是對相對主義作出無奈的回應，而是另一種處理事物的做法。況且，這做法可能使我們對事物有更豐富的體會。例如，靈恩運動不單關乎說方言和權能醫治等現象的真實性，它更象徵後現代社會的特性之一。在象徵的意識形態下，事物本身變成了一個現象，它正等候我們理解和給予它意義。象徵不只適用於物件，它更適用在行動和關係上。例如，我的孩子總認為我接她放學象徵著我對她們的關心與愛。這樣，象徵就可分為資料型和感情投入型。前者強調理解，而後者則關乎意義與價值。

幾經忍耐下，我和孩子的著作終於面世。對我們來說，這本書不是象徵出版市場是否可以容納這類型的作品，而只象徵著我們三人對已離世的內子（孩子們的母親）之懷念。我們決定在母親節那天到她墓前獻上這書，並閱讀其中數個故事。這些行動似乎帶點情緒化，但在象徵意義的層面上，卻容許我們投入更多感情的元素來理解這些行動的意義。去墓地象徵著她永遠是我們所懷念的，閱讀則見證著我們對生命沒有絲毫的放棄。

假若

當有人對你說：「假若我是董特首，我必定解雇路祥安先生。」*你不要輕信說這話的人。這並非因為他不會有機會成為特首，而是因為說這話的人只是用言語的技巧來掩飾他真正的企圖。他只是假裝站在民意那邊，但實際上卻並非如此。那麼，我們如何可以看透他說這話的動機呢？坦白說，我們只可從他一貫的言行來推敲其誠信。

又當有人對你說：「假若我有一千條生命，中國人可以完全取去。」他說這話，不一定出於欺騙。因為這話的焦點不是他怎可能有一千條生命，他要表達的是他對中國人的委身。所以，這話的兑現不在於他有一千條生命後才發生，而是他現在已毫無保留地將自己的一切奉獻給中國人。我們如何判斷這話是否可以作這樣的解釋？這只有從他的言行中證明。

「假若可以回到那日子，我不會這樣選擇。」這話可以出於遺憾、尋求寬恕，懊悔所犯的錯。當有婚外情的丈夫這樣說，他不是想時光倒流，而是想重建已破壞的關係。又當一個曾作姦犯科被判刑的人說這話，他不是要逃避責任，而是承認自己的錯誤。我們究竟如何衡量說這話的人之誠意呢？坦白說，歷史沒有重現的可能。那麼，我們只有靜觀其變來決定他的誠意有多少。

以上三種對「假若」的理解，都是靠觀其行來評論的，但有一種「假若」卻不牽涉判斷。「假若內子還在，我必送她這套印度服飾。她一定喜歡它的圖案和設計。」這話不牽涉真假，也不關乎可實現與否，它只是表達個人的情感和渺茫的祈盼。這話不期望別人作任何理性的回答，只要求感性的同在。

曾幾何時，我曾對內子說：「假若你的病情稍為穩定，我們會到聖安德烈城去」；「假若你的病情受到控制，我們可以看見我們的孩子踏上紅地毯」；「假若……」在這充滿慶祝歌聲的平安夜晚上，我凝望著漆黑的天空喃喃自語：「假若……」

*涉嫌干預學術自由，並被專責聆訊委員會批評為「愚拙及不誠實」的證人。詳見本書頁83註釋。

緊扣時代 服事教會

以文字傳揚基督真道

讀者意見表

衷心多謝你購買本社書籍。本社一直致力以出版事工服事教會，幫助信徒扎根於神的話語，促進靈命增長。為使我們的出版更能滿足你的需要，請填寫下列各項資料，並寄回或傳真予本社。

所購書籍：________________

本書最吸引你的地方：

□作者 □適切性 □文筆 □設計 □實用性

□其他：________________

購買本書地點：

□基道書樓 □基督教書店 □非基督教書店

性別：□男 □女 職業：________________

信仰：□基督徒 □非基督徒

年齡：□16歲或以下 □17～25歲 □26～35歲

□36～55歲 □56歲或以上

學歷：□中三或以下 □中五 □預料

□大學 □研究院

□我欲更多了解基道出版社的事工及考慮支持，請寄給我下列資料：

□機構簡介 □新書資料 □「書中行」書會資料

□《基道文字事工通訊》

姓名：________________電話：________________

地址：________________

____

傳真：________________ 電子郵件：________________

其他意見：________________

____

多謝賜教！

基道出版社

意見表可以傳真（2687-0281）或直接郵寄以下地址：

香港沙田火炭坳背灣街26號富騰工業中心1011室

基道出版社編輯部收